edition suhrkamp 2696

Die Kunst durchlebt einen Epochenwandel. Von den modernen Idealen der Autonomie, Freiheit und Originalität ist kaum etwas übrig. Heute beherrscht der Auftragskünstler die Szene, mal in der Rolle des kreativen Sozialarbeiters, mal als Fabrikant funkelnder Statussymbole. Damit aber wandelt sich die Bestimmung der Kunst: Sie ist nicht länger Gegenwelt, sie ist in der Welt. Ihre angestammten Werte gelten nicht mehr. Also muss die Kunst neu verhandeln, was sie soll und was sie darf. Wenn sie nicht länger Selbstzweck ist, wessen Zwecken dient sie dann? Hanno Rauterberg diskutiert die tiefgreifenden Veränderungen. Er plädiert für ein neues Künstlerethos – und eine Kunst des guten Lebens.

Hanno Rauterberg, geboren 1967, ist Kunsthistoriker und Redakteur im Feuilleton der Wochenzeitung *Die Zeit*. In der edition suhrkamp erschien zuletzt *Wir sind die Stadt! Urbanes Leben in der Digitalmoderne* (es 2674).

Hanno Rauterberg
Die Kunst und das gute Leben
Über die Ethik der Ästhetik

Suhrkamp

4. Auflage 2020

Erste Auflage 2015
edition suhrkamp 2696
Originalausgabe

Satz: Satz-Offizin Hümmer GmbH, Waldbüttelbrunn
Druck: Druckhaus Nomos, Sinzheim
Umschlag gestaltet nach einem Konzept
von Willy Fleckhaus: Rolf Staudt
Printed in Germany
ISBN 978-3-518-12696-7

Inhalt

I. Schlange und Schuld
Eine neue Epoche beginnt und die Idee der Kunst wird verwandelt

Die Kunst der Gegenwart will keine Richtung kennen, kein Ziel, das erstrebenswert, keine Geschichte, die abgeschlossen wäre. Von ferne leuchten noch Ideen der frühen Avantgarde, auch wenn ihr Glanz längst erloschen ist. Und obwohl die Kunst sich von allem gelöst hat, von den Ordnungsmustern der Stile und Schulen und erst recht vom guten alten Fortschrittsglauben, plagt sie mitunter ein seltsames Sehnen. Es sind die Symptome einer Schwellenzeit, in der das Alte nicht vergehen und das Neue nicht recht beginnen will. Denn es beginnt nicht, wie es in der Moderne stets begann: mit Stolz und unter Jubelrufen. Es ist ein stiller Wandel, der die Kunst erfasst. Doch einer mit gewaltigen Folgen.

Die Kunst der Gegenwart ist frei wie nie, das ist der eine Befund. Sie ist allen Zwängen entschlüpft, aller Pflichten ledig, sie braucht keiner Farb- und keiner Formenlehre folgen, sie ist den Ideologen, den Dogmatikern entkommen. Sie lebt ganz aus sich heraus. Der andere Befund, ein Befund der Schwellenzeit: Die Kunst ist frei und will es nicht länger sein. Sie hält fest an ihrem alten Ruf und Rang, doch zugleich sagt sie sich los von dem, was lange unverzichtbar schien, von den größten Errungenschaften der Moderne.

Die Welt der Kunst verlässt jenes Wertesystem, das ihr Halt und Struktur verlieh. Sie glaubt nicht mehr an den autonomen Künstler. Sie gibt nicht mehr viel auf Eigensinn und Originalität. Den alten Genieglauben bedenkt sie allenfalls mit süffisantem Lächeln. Ausgedient hat die Vorstellung vom heroischen Schöpfer, einzig der Inspiration gehorchend. Und selbst der Glaube an eine fragende, widerspenstige Ästhetik will vielen Mitgliedern der Kunstwelt furchtbar gestrig vorkommen. Damit aber, so will es dieser Essay zeigen, setzt eine Neubestimmung ein – mit erstaunlichen Konsequenzen für Künstler, Museen, den Markt und nicht zuletzt für die Betrachter. Es wandeln sich nicht nur Äußerlichkeiten; diese vielleicht sogar am wenigsten. Es wandelt sich die Idee der Kunst.

In der Moderne war Kunst ein gleichermaßen überladener wie unterbestimmter Begriff. Nur zu gerne wurde er mit möglichst großer Bedeutung angefüllt, ganz so als könnte sich im Schaffen der Künstler das Menschengeschlecht erneuern und am Ende eine von Grund auf bessere Wesensart begründen. Doch was genau mit dem Begriff der Kunst gemeint sein könnte, wurde selten eindeutig geklärt; in seiner Offenheit lud er zu immer wieder anderen Hoffnungen und Auslegungen ein.

Nur in einem geistigen Klima wie diesem, in dem der Kunst alles zugetraut und nichts abverlangt wurde, war es den Künstlern möglich, erstens ihre formalen Freiheiten ins schier Unendliche zu treiben, weil kein Sujet, kein Material, keine Technik ihnen fremd sein musste. Zweitens konnten sie sich darauf verlegen, die Kernideen der Kunst zu bearbeiten, sie zu weiten, zu durchlöchern, sie zu unterlaufen und zu überhöhen. Denn egal, was sie taten, wie streitbar, provokativ oder banal ihre Arbeit auch ausfiel, stets durften sie sich wohl behütet fühlen, beschirmt von einem Begriff, der sie zur Grenzenlosigkeit nachgerade ermunterte.

In den libertären, demokratisch gefestigten Gesellschaften des Westens, und nur von diesen soll hier die Rede sein, durften sich die Künstler von einer Übereinkunft getragen fühlen:

von der Gewissheit, dass Kunst bedeutungsvoll und von hohem Wert sei, eine Verheißung auf etwas Verheißungsvolles. In und mit ihr sollte sich ein besseres Leben abzeichnen, aufregender, freier, selbstbestimmter. Ein humanistisches Pathos der Freiheit trug die Kunst weit hinein ins 20. Jahrhundert, und auch als sich irgendwann Ernüchterung einstellte, spätestens in den Nachkriegsjahren, litt ihre Macht darunter nicht. Weiterhin wurde über Kunst geschrieben, oft in den höchsten Tönen. Weiterhin wurde Kunst gesammelt und in großen Ausstellungen präsentiert. Weiterhin galt es als gesellschaftlich geboten, in der Kunst eine höhere Kraft zu erblicken.

Als höhere Kraft aber galt sie vor allem, weil sie lange im Hallraum der Romantik verblieb und also die meisten Künstler unverdrossen nach einer Gegenwelt strebten. Sie setzten sich ab: von den Zwängen des Geldes, den Pflichten des handwerklichen Könnens, den Erwartungen des Publikums. Sie stellten ihre Souveränität unter Beweis, und dafür, für eine Kunst der Eigengültigkeit, der Zweckfreiheit, der Autonomie, wurden sie geschätzt. Im Zeichen dieser Idealbilder wurden Kunsthochschulen gegründet, Kunstpreise ausgeschrieben, Stipendien vergeben, Museen sonder Zahl errichtet, staatliche Ankaufsetats ausgelobt. Und nur weil die Kunst von sich behaupten konnte, etwas Herausgehobenes zu verkörpern und also kein Design, keine Werbung, kein beliebiges Gebrauchsgut zu sein, genoss sie fortgesetzt die gesetzlich verbriefte Kunstfreiheit. In dieser Garantie auf Freiheit spiegelt sich der Anspruch vieler Künstler, von allen Zwängen ausgenommen zu sein, nichts zu müssen, aber so gut wie alles zu dürfen.

Was aber passiert, so möchte dieser Essay fragen, wenn die alten Wertvorstellungen nicht mehr verfangen, weil sie den meisten Künstlern überholt und ausgereizt vorkommen? Was heißt es, wenn Kunst nicht länger als überhöhter, sondern allein als unterbestimmter Begriff betrachtet wird, weil er das prinzipiell Andere und Autonome nicht mehr bezeichnet? Dann könnte tatsächlich etwas Neues beginnen. An die Stelle der alten, verabschiedeten Werte müssten andere treten.

Tatsächlich drängen lange nicht gestellte Fragen nach Ästhetik und Ethik, nach Form und Vermögen, nach Wollen und Sollen zurück in die Debatte. Was schon Aristoteles beschäftigte, was Kant und Schiller diskutierten – wofür die Kunst einsteht, was sie für ein gutes, gelingendes Leben bedeuten kann –, könnte jetzt, im postautonomen Zeitalter, neu beantwortet werden.

In der Moderne verbaten sich solche Fragen, weil Kunst und Künstler als System eigenen Rechts auftraten, nichts und niemandem rechenschaftspflichtig. Mit der Postmoderne, als die Beliebigkeit einzog, verlor sich der hohe Ernst des künstlerischen Spiels und büßte an Selbstgewissheit ein. Spätestens aber mit dem 11. September 2001, mit der Abkehr von Ironie und totalem Relativismus, wuchs der Kunst eine neue Wertschätzung zu, im ökonomischen, aber auch im sozialen Sinne, wie dieses Buch darlegen möchte. Nun, im Zeichen der Postautonomie, fallen viele gültige Trennlinien: Herkömmliches und Ungeahntes, das Obligate und das Obstinate, die Ausnahme und die Regel finden zusammen und in der Folge durchlebt die Kunst eine Phase der Normalisierung. Sie suspendiert ihre bislang so hoch geschätzte Freiheit.

Gewiss kannte auch die autonome Kunst viele Ausnahmen und Einflüsterungen, ihre Autonomie war nie rein und absolut. Manche Künstler des 20. Jahrhunderts wollten ihren Sonderstatus sogar überwinden, um dem Leben und also der Heteronomie mehr Raum zu geben. Für sie hieß Autonomie nicht, die Kunst von der Welt abzuschließen, sondern frei darüber befinden zu können, von welchen Bestimmungen sie bestimmt sein wollte. Doch wenn gegenwärtig just diese Selbstbestimmtheit bewusst relativiert wird, dann fällt es schwer, noch von einer autonomen oder auch nur souveränen Kunst zu sprechen. Ein Verlangen nach Zugehörigkeit und Kollaboration dominiert das alte Streben nach Ungebundenheit. Und das Verhältnis von Ethik und Ästhetik justiert sich neu.

Was dieses Verhältnis ausmacht, in welcher Beziehung das Gute und das Schöne stehen, ob sie überhaupt etwas miteinander zu schaffen haben, darüber ist jahrhundertelang gestritten und geschrieben worden. Viele Traktate, Seminare und Symposien befassten sich mit der Frage, von welchem sittlichen Wert die Kunst zu künden habe und an welche Anstandsgrenzen sich Künstler halten, welche sie überschreiten sollten. Vermag nur ein guter Mensch auch gute Kunst hervorzubringen? Oder ist es umgekehrt, muss ein Künstler die Konventionen seiner Zeit ignorieren, damit sich eine tatsächlich eigenständige, freie Ästhetik entwickelt und der Gesellschaft ein Gegenüber erwächst? Sind nicht die guten Absichten der Tod jeder guten Kunst? Und kann sie also auch unter bösen Vorzeichen entstehen?

Fragen wie diese, die schon oft umgewälzt wurden, soll dieser Essay allenfalls streifen. Auch werden meist nicht einzelne Kunstwerke, seien sie nun besonders obszön oder besonders gefällig, auf ihre ethische Bewandtnis hin abgeklopft. Vielmehr geht es darum, den Blick zu weiten und das Kunstsystem zu befragen: als ein System der Werte. Ohne dieses System und seine ethischen wie ästhetischen Ideale sind die Werke der Kunst nicht zu denken, weder in ihrer Entstehung noch in der Rezeption. Und so muss, wer sich nach dem Sinn und Zweck der Kunst erkundigt, wer wissen will, welchen

Beitrag zum gelingenden Leben – in gesellschaftlicher wie in individueller Hinsicht – sie in Aussicht stellt, zunächst die sich wandelnde Idee der Kunst beschreiben und wie diese im Kunstsystem gelebt wird. Nirgendwo zeigt sich klarer als hier, in der alltäglichen Praxis der Ateliers, Galerien, Sammlerhäuser und Museen, wofür die Kunst begehrt wird und mit welchem Ethos und welcher Ästhetik sie diesem Begehren begegnet.

Daher möchte dieses Buch auch keine abstrakte, begriffsstrenge Erörterung sein, vielmehr lässt es sich von einer gelebten Philosophie leiten. Es untersucht, wie Alltag und Kunst ein neues Verhältnis zueinander suchen, welche Aporien diese Beziehung prägen und welche ungeahnten Möglichkeiten sich ergeben. Viele sprechende Beispiele sollen davon erzählen. Für den Anfang jedoch genügt ein Blick auf die Berliner Mitte, auf einen exemplarischen Spätwintermorgen im Jahr 2013, sehr grau und sehr frostig.

Aus autonomer Kunst wird Dekoration

Mehrere Hundert Künstler sind an diesem Tag aufgebrochen, um sich geduldig in eine Schlange zu stellen, die länger und länger wird. Die Kunsthalle der Deutschen Bank hat gerufen, sie möchte ihre Wiedereröffnung feiern und lädt zu einer Ausstellung für alle. Ob Hobbymaler, verkanntes Genie oder gut verdienender Profikünstler, jeder soll ein Werk einliefern dürfen und bekommt die Zusage, dass es von dem bekannten Kurator René Block begutachtet und in einer großen Schau öffentlich zu sehen sein wird. Allerdings ist der Andrang weit größer, als von der Kunsthalle vermutet. Einige Künstler, die sich die Chance auf öffentliche Wahrnehmung nicht entgehen lassen wollen, haben sich schon um fünf Uhr früh angestellt. Zwischenzeitlich erreicht die Schlange eine Länge von mehr als einem Kilometer.

Am Ende hält die Bank ihr Versprechen, jeder Künstler darf ein Werk abgeben. Rund 2100 Gemälde und Fotografien kommen zusammen, eine zweite Ausstellung muss schließlich anberaumt werden, um überhaupt alle zeigen zu können. Zeigen, das heißt in diesem Fall: die Wände bis hoch unter die Decke mit Bildern zu pflastern, so dass ein wildes, wunderkammerhaftes Durcheinander der Formate, Motive und Stile zu bestaunen ist.

Quasi über Nacht wird die erste Schau vorbereitet, und ebenso rasch, nach gerade mal vierundzwanzig Stunden, ist sie bereits vorüber. Die Kuratoren übertreten damit die üblichen Regeln der gründlichen Vorbereitung und Auswahl, der angemessenen Beleuchtung und Anordnung. Sie wollen keine herkömmliche Ausstellung, eher schon gleicht ihr Unterfangen einer Performance. Zu besichtigen ist eine paradigmatische Umwertung: Nicht die Kunst hat Vorrang, sondern das Event. Nicht das einzelne Bild ist bedeutsam, sondern die große Zahl. Und nicht die Namen der Künstler werden gefeiert, gefeiert wird der Ausrichter. Die Bank wächst über sich hinaus, sie wird gewissermaßen zum Überkünstler.

Allein die Schlange der Wartenden, die sich weit durch den Berliner Stadtraum wand, erinnerte an eine soziale Skulptur; hier fand das Verlangen der Künstler und ebenso ihre Verzweiflung eine Form. Hätte sich im Nachhinein herausgestellt, nicht das Geldhaus, sondern ein Konzeptkünstler wie Hans Haacke, bekannt für institutionskritische Projekte, wäre für die Großaktion als Spiritus Rector verantwortlich gewesen, alle hätten umstandslos von einer analytischen Glanztat gesprochen, von einer rundum klugen Inszenierung. Denn hier offenbarten sich die neuen Verhältnisse im Feld der Künste mit dankenswerter Klarheit. Zu begutachten war ein Sittenbild.

Die Macht des Geldes traf auf die Macht der Kunst, und die eine bediente sich der anderen. Die Künstler mussten in der Kälte warten, mussten duldsam sein und dankbar. Die Bank hingegen präsentierte sich als offenherzig, spendabel, als Hort des Allgemeinwohls. Im Gewand der Liberalität war die Bank angetreten, die Kunst zu fördern – und nutzte sie doch vor allem für die eigenen Zwecke. Die Gemälde, mit großer Hoffnung eingeliefert, waren kaum mehr als das dekorative Beiwerk einer langen Partynacht.

Noch symptomatischer aber: Die Künstler erklärten sich einverstanden. Viele freuten sich sogar über die Einladung, reihten sich ohne Murren in die Schlange ein, am Ende fotografierten sie sich vor den eigenen Werken, egal, wie achtlos diese gehängt waren. Von keinem der beteiligten Künstler ist überliefert, dass er sich so verhalten hätte, wie man es in den Hochzeiten der Moderne von Künstlern zumeist erwartete: widerborstig, aufbegehrend, der Bankenmacht trotzend. Wie leicht wäre es für sie gewesen, die eingereichte Kunst mit Botschaften zu versehen, um so gegen den Finanzkapitalismus zu protestieren, gegen Spekulation mit Nahrungsmitteln, gegen irrwitzige Managergehälter oder zumindest gegen die Finanzierung von Kriegsgerät. Doch offenkundig hatten die Künstler daran kein Interesse.

Sie haben gelernt, mit der Schizophrenie zu leben. Sie überlassen den symbolischen Wert der Kunst umstandslos einer Bank, über lange Jahre eines der wichtigsten Feindbilder kritischer Künstler. Waren diese einst dafür bekannt, ja, galt es geradezu als ihre Aufgabe, die ausbeuterischen Verhältnisse zu hinterfragen, das Bewusstsein zu schärfen, Sehgewohnhei-

ten aufzubrechen und dergleichen mehr, wollten sie hier ihrem angestammten Selbst- und Fremdbild offenkundig nicht mehr entsprechen. Das mag daran liegen, dass die Kunsthalle der Deutschen Bank über die Jahre einen guten Ruf erwerben konnte; viele prominente Künstler haben dort ausgestellt. Zudem ist die Bank berühmt für ihre Sammlung, die viele Tausend Werke umfasst. Auch als Förderer der Kunst hat sich das Geldhaus international einen Namen gemacht, so tritt sie als Sponsor der Kunstmesse Frieze in London auf. Und selbst vielfach geehrte Künstler wie Roman Ondák finden nichts dabei, der Messelounge der Bank mit künstlerischen Eingriffen eine besondere Note zu verleihen. Hier werden jene wichtigen Kunden der Bank empfangen, die ein gutes Geschäft versprechen, nur sie erhalten Zugang. Den Künstlern kommt dabei die Aufgabe zu, die Exklusivität exklusiv zu dekorieren.
Dafür müssen sie sich auch keineswegs andienen oder verbiegen. Ihre politisch-kritischen Anmerkungen, wenn sie denn noch solche vorbringen möchten, werden in der Regel offenherzig aufgenommen, ja geradezu erwartet. Auch darf die Kunst unverständlich und abweisend erscheinen. Denn umso besser eignet sie sich für ein Unternehmen wie die Deutsche Bank, um den Kunden die eigene Aufgeklärtheit zu demonstrieren. Man möchte als liberal wahrgenommen werden, als weltoffen, lern- und wandlungsfähig. So gesehen dürften die Kuratoren der Berliner Ausstellung sogar enttäuscht gewesen sein, weil es keinerlei Proteste, keine schrillen Provokationen gab. Sie wären durchaus erwünscht gewesen, um noch größere Aufmerksamkeit zu erzeugen und die Bank noch glaubwürdiger als Souverän der Kunst zu inszenieren.

Viele Künstler hatten aber auch deshalb keine Skrupel, sich auf das ungleiche Wechselspiel mit dem Unternehmen einzulassen, weil ihnen das Einreihen und Mitmachen zur gewohnten Praxis geworden ist. Sie halten ihre Kunst nicht länger für unantastbar, nur selten achten sie noch peinlich darauf, ihre Werke vor jeder Art der Indienstnahme zu bewahren. Dieses neue Interesse am Hybriden, an einer Vermengung von Eigen- und Fremdwillen, findet sich in fast allen künstlerischen Milieus, wenn auch auf unterschiedliche Weise. Die einen stellen ihre Kunst in den Dienst einer sozialen oder politischen Sache, andere lassen sich von Sammlern oder Kuratoren für Aufträge verpflichten, Dritte verstehen sich als Unternehmensberater oder als Dekorateure des öffentlichen Raums. Keineswegs sind es also nur erfolglose, verzweifelte Künstler, bei denen man annehmen könnte, sie ließen sich ihre Autonomie schlicht deswegen abkaufen, weil ihnen nichts anderes übrig bleibt. Mindestens ebenso oft gehen die großen Namen ungewohnte Kooperationen ein; ungezwungen von Geldnöten, wirken sie daran mit, die Freiheit der Kunst neu zu definieren.

Wenn ein Milliardär und Großsammler wie François Pinault anruft und Ólafur Elíasson darum bittet, die Fassade seines Palazzos in Venedig zu verzieren, dann erfindet der isländische Künstler ein schmückendes Gespinst aus leuchtenden Fäden. Wenn sich der griechische Industrielle Dakis Joannou bei Jeff Koons meldet, weil der seine Riesenyacht künstlerisch gestalten soll, dann wird der Schiffsrumpf umgehend hübsch bemalt. Und wenn Ringier anklopft, die Schweizer Aktiengesellschaft, weil sie einen Künstler sucht, der den jährlichen Geschäftsbericht zum Kunst- und Sammelobjekt nobilitiert – dann stehen John Baldessari, Maurizio Cattelan, Richard Prince oder Fischli & Weiss gerne zur Verfügung, in jedem Jahr ein anderer. Viele Künstler der Gegenwart machen sich gemein mit den Interessen anderer. Sie werden zu Auftragskünstlern im vormodernen Sinne.

Die Kunst ist kein außermoralischer Raum mehr

Bekanntlich hatten sich die Maler und Bildhauer am Ende des 18. Jahrhunderts aus der Abhängigkeit von Klerus und Adel gelöst, um nicht länger Repräsentationszwängen unterworfen sein zu müssen. Warum solche Emanzipationsprozesse, die einst eine Epoche begründeten, unterdessen anachronistisch anmuten, will dieses Buch erkunden. Es schildert zunächst, wie es zum Wandel im Selbstverständnis vieler Künstler kommen konnte, welche gesellschaftlichen, ökonomischen, auch welche künstlerischen Motive es dafür gibt. Daran anknüpfend beschreibt es, welche neuen Formen der Auftragskunst unter den Vorzeichen einer Postautonomie entstehen und wie weitgehend diese Aufträge die Künstler und ebenso die Museen in ihrem Wollen und Wirken beeinflussen. Welche ethischen Verwicklungen sich nicht selten daraus ergeben, wenn Künstler sich auf ein Wechselspiel mit den Mächtigen einlassen, soll in einem dritten Schritt erörtert werden. Wenn nämlich die hohe Vorstellung, dass sich in den Werken des Künstlers eine eigene Wahrheit ausspricht, nicht länger relevant ist, wenn der tradierte Glaube nicht länger verfängt, die Kunst müsse von allen weltlichen Zwecken entbunden sein, da sie nur so ihre Kraft entfalten könne, wenn also zentrale Zuschreibungen und Verheißungen verblassen, dann verändert sich das, was man die ideelle Geschäftsgrundlage der Kunst nennen könnte. Sie ist nicht länger ein potentiell außermoralischer Raum, sondern muss sich mit den Normen und Werten der Gesellschaft befassen, deren eingebundener Teil sie nun ist.

Um Missverständnisse zu vermeiden: Dieses Buch plädiert nicht für eine Kunst der Tugend. Es will weder eine Anleitung zum guten Leben sein noch die Kunst auf einen sinnstiftenden oder -störenden Kanon festlegen. Im Gegenteil fragt es im letzten Kapitel danach, wie sich die Offenheit bewahren, wie sich auch in postautonomen Zeiten die Freiheit gestalten ließe.

Viele Künstler der Gegenwart ringen mit den sich wandelnden Freiheitsvorstellungen, so soll gezeigt werden. Die einen versuchen, mit den alten Mitteln der Provokation ihre Unabhängigkeit zu demonstrieren, was aber kaum noch verfangen will. Andere geben die Freiheit gänzlich auf, weil sie der Kunst eine neue Nützlichkeit erschließen wollen, in einem politischen und sozialen Sinne, was allerdings meistens dazu führt, dass sich das Verhältnis von Ethik und Ästhetik in kaum auflösbare Selbstwidersprüche verwickelt.

Übersehen werden bislang die Chancen, die sich aus dem Strukturwandel ergeben: Eine Kunst, die nicht primär sich selbst dient, könnte viel offensiver nach neuen Produktionsformen und Vertriebswegen forschen. Sie könnte sich der Alltagskultur zuwenden, könnte das wachsende gesellschaftliche Interesse an künstlerischer Betätigung in den Blick nehmen und gelassen darüber nachdenken, wem und welchen Zwecken sie eigentlich verpflichtet sein möchte. Wofür will, wofür kann sie sich einsetzen, ohne ihren Eigensinn zu verraten? Und welche Vorstellung von einem gelingenden Leben vermag sie zu vermitteln?

Die ethischen Konsequenzen der Normalisierung

Die Kunst ist immer Teil der Welt, sie verhält sich zu deren Leit- und Tugendbildern, denn selbst wenn sie diese ignoriert, wenn sie sich als L'art pour l'art begreift, ist auch das eine Form von Weltbeziehung. Sogar jener Künstler, der sich als unabhängig und souverän wähnt und auf die Eigenmächtigkeit seiner Werke vertraut, bewegt sich nicht zur Gänze jenseits aller ethischen Belange. Auch er ist eingebunden in ein System ökonomischer, politischer, gesellschaftlicher Wertvorstellungen. Er kann ihnen widersprechen, kann sie unterlaufen oder bejahen, in jedem Fall aber muss er sich zu diesen in Beziehung setzen, muss entscheiden, was ihm richtig, was ihm falsch erscheint. Schon sein Entschluss, überhaupt Künstler werden zu wollen, hat normative Implikationen: Er beschließt, sein Leben der Kunst zu widmen und damit bestimmten Vorstellungen von Nützlichkeit, von Luxus, von Freiheit oder Kreativität.

Diese Vorstellungen können vielgestaltig sein und sind nicht auf Dauer festgeschrieben. Der einzelne Künstler mag versuchen, sie aufzuweichen oder umzuformen. Aber genau daran wird bereits das Moment der Mitwirkung und Mitverantwortung deutlich. Er steht nicht für sich allein, die Welt der Kunst ist immer auch eine Wertegemeinschaft. Sie wirkt zurück auf das Selbstverständnis aller Beteiligten und beeinflusst zudem die allgemeine Wahrnehmung der Kunst. Um nur ein Beispiel zu nennen: Je stärker wirtschaftliche Interessen die ästhetischen Fragen dominieren, je mehr die Kunst vor allem durch Millionenrekorde auf Auktionen von sich reden macht und daher in den Augen mancher vornehmlich als Statussymbol der Superreichen gilt, desto größer wird auch für den widerständigen, autonomen Künstler die Gefahr, als ein Teil dieses neohöfischen Gepränges gesehen zu werden. Seine Selbstwahrnehmung wird überformt von einer Fremdwahrnehmung. Und ist die Kunst als ganze erst einmal in den Verdacht geraten, sie beteilige sich systemstabilisierend an dem globalen Regime der Superreichen, hat sich erst herumgesprochen, dass der Kunstmarkt vor allem von der wachsenden Ungerechtigkeit profitiert – denn erst diese hat den Boom befeuert und viele Millionenrekorde ermöglicht –, wird es also zur Gewissheit, dass der Handel mit ästhetischen Werten »auf weggenommenem Geld« beruht, wie es der Galerist Alexander Koch formuliert, dann wird es für den einzelnen Künstler immer schwieriger, diesen Vermutungen und Wahrheiten auszuweichen.[1] Selbst wenn er wie die allermeisten nicht zu den Gewinnern zählt, wenn ihm keine gewichtigen Ausstellungen, keine Auktionsrekorde, keine Sammlerehren zuteilwerden, kann er doch auf unschuldige Weise schuldig wirken.[2] Daher bleibt ihm, der die Autonomie weiterhin in Ehren hält, kaum mehr, als sich nach Kräften gegen jegliche Vereinnahmung zu wehren und darauf zu achten, dass die allgemeine Reputation des Gütesiegels Kunst, von dem auch seine Außenwahrnehmung abhängt, nicht beschädigt wird.

Für den postautonomen Künstler ist die Frage nach der Mitverantwortung naturgemäß noch drängender. Wenn viele die

1 »Das Hochpreissegment im Kunstmarkt ist Ausdruck eines Umverteilungsprozesses von unten nach oben. Solange ich im Kunstbetrieb bin, beruht meine Ökonomie auf weggenommenem Geld. Insofern bin ich immer Mittäter« (»›The winner takes it all?‹, eine Diskussion zwischen Max Hetzler, Alexander Koch und Dirk Boll«, in: *Die Welt* (27.04.2014), online verfügbar unter: {http://www.welt.de/print/wams/kultur/article127344492/The-Winner-Takes-It-All.html} [Alle in diesem Buch angegebenen Internetseiten wurden zuletzt im März 2015 abgerufen.]).

2 Die Künstlerin Andrea Fraser spricht von einem »ständigen Schreckgespenst von Verlust, Entbehrung, Frustration, Schuld, Scham und der damit verbundenen Angst«, versuche der Kunstdiskurs doch »eine ständige Distanz zwischen den symbolischen Systemen der Kunst und ihren materiellen Bedingungen zu wahren«, sich also fernzuhalten von den eigenen Legitimitätsnarrativen (Andrea Fraser, »Über die soziale Welt sprechen ...«, in: *Texte zur Kunst* 81 [2011], online verfügbar unter: {https://www.textezurkunst.de/81/uber-die-soziale-welt-sprechen/#id1}).

Kunst am Ende bloß noch als ein Gebrauchsgut wie jedes andere betrachten, wird sie sich auf ähnliche Weise wie diese Güter an ethischen Maßstäben messen lassen müssen. Das kann streng genommen bei der Produktion beginnen (Wie bezahlt der Künstler seine Assistenten? Verwendet er Materialien, die umweltethischen Ansprüchen genügen?). Das setzt sich fort im Vertrieb (Für wen ist die Kunst erschwinglich? Was wäre eine gerechte Verteilung? Ist es anständig, seine Werke an einen Sammler zu verkaufen, für den die Kunst nur Spekulationsmasse ist?). Und natürlich stellen sich die normativen Fragen besonders dort, wo es um ihre symbolpolitischen Effekte geht, wo zum Beispiel mit der Arbeit eines Künstlers das Image eines Unternehmens aufgebessert werden soll (Beutet dieser Betrieb seine Mitarbeiter aus? Beteiligt er sich an ethisch fragwürdigen Geschäften? Ist es gut und richtig, mit den Mitteln der Kunst ein Produkt zu bewerben, das von vielen als schäbig, ja als menschenverachtend empfunden wird?). Nimmt ein Künstler staatliche Aufträge an oder wird für staatlich finanzierte Institutionen tätig, dann ist ebenfalls die Frage relevant, ob und wie Mitarbeit auch Mithaftung bedeutet (Trägt die Teilnahme an einer Biennale in Moskau, Dubai oder Schanghai dazu bei, einem repressiven Regime den Anschein kultureller Liberalität zu verleihen?).

Die Rede von der Normalisierung deutet es bereits an: Es schleichen sich Normen ein, allerdings ohne dass diese in ihren ethischen Nachwirkungen breit diskutiert worden wären. Dieses Buch möchte das ändern. Es fragt als deskriptive Ethik nach den Sitten und Gebräuchen der Kunstwelt. Danach, was schweigend hingenommen und was verändert werden müsste. Warum protestiert niemand gegen die obszöne Armut vieler Künstler? Warum stört sich kaum jemand an dem noch obszöneren Reichtum mancher Sammler und Galeristen, an der Verschwendungslust, die auf Auktionen regelmäßig beklatscht wird? Und welches Bild gelingenden Lebens wird damit vermittelt?

Nur in wenigen gesellschaftlichen Sphären ist die Ungleichheit der Vermögen und Einkommen gravierender als in der Kunstwelt. Selten ist auch die Willkür größer, mit der Sammler und Kuratoren einige wenige Künstler zu Superstars küren, während andere nur Missachtung erfahren. Selten werden die Missstände, unter denen viele leiden, mit so ausgeprägtem Gleichmut hingenommen. Offenbar hat man sich daran gewöhnt, von einem rasant wachsenden Markt regiert zu werden. Offenbar findet man nichts dabei, wenn ökonomische Interessen die Künstler für ihre Zwecke vereinnahmen. Obwohl die Kunst längst keine außermoralische Gegenwelt mehr sein will, scheint in ihrem Namen so gut wie alles erlaubt und richtig.

Selbst die Museen haben sich um Fragen der Ethik bisher nur wenig gekümmert. Auch sie neigen dazu, sich vom großen Geld aushalten zu lassen. Nicht wenige machen ihr Ausstellungsprogramm vor allem von wirtschaftlichen Erwägungen abhängig, einige zeigen ein weites Herz für die Anliegen und Absichten der Sponsoren. Und dass es nicht die Museen waren, die in Deutschland darauf drängten, die Herkunft ihrer Sammlung zu erforschen und mögliche Raubkunstbestände zu ermitteln, dass sie vielmehr von der Politik zu dieser Art von ethischer Grundlagenarbeit gezwungen werden mussten, erzählt ebenfalls auf symptomatische Weise davon, wie wenig die Kunstwelt bisher an Reflexionen ihrer eigenen Normen und Werte interessiert war.

Lange war die Kunst allenfalls in ihren Sujets umstritten. Sie überschritt die Grenzen des Zumutbaren, zeigte das Verdrängte und Unaussprechliche, wagte den Skandal. Die Künstler zogen alles in Zweifel, sie selbst aber blieben unbezweifelbar. Im Bewusstsein moralischer Immunität war es ihnen möglich, Fragen nach ihrer gesellschaftlichen Mitverantwortung auszublenden. Wenn aus Kunst aber Gesellschaftskunst wird, wenn ein Künstler sich einlässt auf die Aufgaben, die ein anderer an ihn heranträgt, dann erweist sich Selbstimmunisierung nur als eine andere Form der Ignoranz. Dann stehen er und seine Werke nicht länger außer Frage.

Wie sehr bestimmt Ethik die Rezeption?

Nun ließe sich mit Blick auf die vormoderne Kunstgeschichte leicht behaupten, ein eindrucksvolles Kunstwerk werde sich stets von den Umständen seiner Entstehung abheben. Ob der Maler ein sittliches Leben führte oder ein Verbrecher war, ob der Auftraggeber eines Gemäldes sein Geld als Menschenschinder verdiente, ob die Bank oder die Kunsthalle, in der ein Werk präsentiert wurde, moralisch fragwürdig agierte – das alles spiele für den Betrachter am Ende keine Rolle. Vor allem in den neutralen Räumen des Museums könne sich das Werk von der eigenen Geschichte emanzipieren, dort entwickle es seine Wirkung ungestört von allen historischen Verwicklungen.

Tatsächlich waren nicht wenige wichtige Auftraggeber und Sammler die größten Verbrecher, man denke an Julius II., der die Renaissancekunst wie kaum ein anderer förderte. Auch einige Künstler gaben nicht viel auf Gesetzestreue und Tugendhaftigkeit. Michelangelo Merisi da Caravaggio zum Beispiel wurde mehrmals angeklagt, weil er Nebenbuhler verprügelte und einen Konkurrenten hinterhältig erstach. Benvenuto Cellini war ein dreifacher Mörder und stand wegen Körperverletzung und Diebstahls vor Gericht. Ernst Ludwig Kirchner soll, so sagen es manche, minderjährige Mädchen missbraucht haben. Doch niemand würde deshalb Caravaggios Gemälde, Cellinis Skulpturen oder Kirchners Bildnisse in ästhetischer Hinsicht herabstufen, sie gar aus dem Kanon der Kunstgeschichte streichen. Sie sind, was sie sind, unabhängig vom Verhalten ihrer Schöpfer oder Auftraggeber; so jedenfalls scheint es auf den ersten Blick.

Auf den zweiten Blick wird jedoch schnell klar, wie sehr die Kunsterfahrung trotz allem von ihrem äußeren Rahmen bestimmt ist: von Ort, Zeit, den Bedingungen der Rezeption und letztlich einer ethischen Bewertung. Selbst in den weißen, vermeintlich unschuldigen Räumen des Museums ist dem Auge in Wahrheit kein neutrales Schauen vergönnt. Jedes Werk wird inszeniert, es hängt zusammen mit anderen Werken, im wortwörtlichen und im übertragenen Sinne. Es wird eingebettet in eine Erzählung, in ein Wechselspiel der Blicke. Damit aber lässt sich auch für jenen Besucher, der sich nur für den Augenreiz interessiert, die ahistorische, kontextlose Kunsterfahrung nicht durchhalten. Sie wird unterfüttert von biografischen oder stilgeschichtlichen Narrativen, sie wird konfrontiert mit den Ideen und Entscheidungen der Kuratoren. Diese wiederum können gar nicht anders, als die Kunst einer Ordnung und also einer normativen Auswahl zu unterwerfen, schließlich soll ihre Ausstellung mehr sein als eine kontingente Ansammlung. Jede Darbietung formt das Dargebotene, gestaltet und verbindet es, prägt das Sehen und Denken. Diese Prägung wird stets von ethischen Implikationen bestimmt, von Vorstellungen des Richtigen, Sinnvollen, Erquicklichen oder auch des Verwerflichen. In dieser Hinsicht ist Ästhetik ohne Ethik nicht zu haben.

Selbst die größte künstlerische Strahlkraft, das zeigt der Blick auf die Kunstgeschichte, bleibt in ihrer Wirkung zeithistorisch bedingt. Künstler wie Matthias Grünewald, Frans Hals und Johannes Vermeer, die heute zum festen Kanon zählen, waren lange vergessen oder wurden als uninteressant abgetan. Nicht, weil man ihre Werke für ethisch unhaltbar oder die Künstler selbst für fehlbar und schuldbeladen hielt. Es waren vielmehr die ästhetischen Ideale, die keinen Rückhall fanden. Diese Ideale aber sind in der Regel ihrerseits ethisch grundiert, sie tragen ein Welt- und Menschenbild in sich, das mal dem Geschundenen, mal dem Traumverlorenen, mal dem Sehnsuchtsvollen zugetan ist, nie aber ohne Wertbegriffe auskommt.

Besonders offensichtlich wird das Sehen durch das Wissen dort geformt, wo sich ein Kunstwerk nachträglich als Fälschung herausstellt. Eben noch galt es als Original, wurde bewundert als sprechendes Beispiel einer Werkphase oder gar einer Stilrichtung. Wird es jedoch als das Bild eines Betrügers enttarnt, ist es nicht länger das Bild, das es war. Obwohl sich seine Erscheinung nicht verändert, sinkt doch sein Ansehen, und das selbst für jene Betrachter, die sich nicht im Werk eines Künstlers oder einer Epoche auskennen und angeblich nur einem ästhetischen Interesse folgen. Das Museum wird seinerseits das Bildnis nicht aus im engeren Sinne künstlerischen Gründen, sondern aus ethischen Gründen entfernen lassen. Die Wertegebundenheit der Kunst erweist sich als unhintergehbar.

Vielleicht mag sich der flüchtige Besucher mit einem raschen Blick auf ein Kunstwerk begnügen. Dem kunstgeschichtlich geschulten Publikum wird das jedoch nicht reichen, es verlangt nach Durchdringung, fragt nach dem Sinn und Zweck und nach der zeitlichen Bedingtheit eines Werkes. Daher kann dessen Geschichte die Art und Weise seiner Wertschätzung nicht unbeträchtlich beeinflussen. Das bedeutet allerdings nicht, dass Künstler oder Kunstwerke immer nur wegen ihrer besonderen Sittlichkeit die Blicke auf sich zögen; oft ist gerade das Gegenteil der Fall. So gilt etwa Caravaggios Kunst gerade wegen seines angeblich ungebändigten Lebens als ausgesprochen dramatisch, innovativ sowie als in vielerlei Hinsicht frei und grenzüberschreitend. Seinem Ruf als unbeirrbares Genie, das seinen Eingebungen weit mehr verpflichtet ist als seinen Auftraggebern, haben die überlieferten Verbrechen nur genützt. Gerade weil er sich losmachte von der Welt und ihren moralischen Begrenzungen, heftete man ihm in der Kunst das Prädikat »besonders wertvoll« an und betrachtete ihn als Prototyp des autonomen Künstlers. Moralität bestimmte hier ex negativo über die ästhetische Wertschätzung.

Die besonderen Rezeptionsbedingungen der Moderne

Gleichwohl wäre es verkehrt, der Kunst keine ästhetische Eigenmächtigkeit zuzutrauen. Nur ist diese nie absolut, nie gesichert, sie lebt ganz wesentlich eben vom Zutrauen. Der Kunsttheoretiker Reinold Schmücker nennt es die »Unterstellung einer Bedeutung«.[3] Damit die Kunst überhaupt eigenmächtige Wirkungen erzielen kann, muss sie so weit wie möglich von vordergründigen Interessen anderer freigehalten werden, könnten sie doch die Wahrnehmung dominieren.

3 Reinold Schmücker, *Was ist Kunst? Eine Grundlegung*, Frankfurt/Main 2014, S. 272. Vergleiche dazu auch Hans Belting, *Das echte Bild. Bildfragen als Glaubensfragen*, München 2005.

Viele Künstler der Moderne wollen just dies: dass sie und ihre Werke möglichst frei, möglichst neutral wahrgenommen werden. Paradoxerweise fällt es ihnen gerade deshalb schwer, das für die Eigenmächtigkeit der Kunst nötige Zutrauen des Publikums zu gewinnen.

Anders als die Hofkünstler der Vormoderne müssen und wollen ihre Nachfolger im 19. und 20. Jahrhundert nicht länger repräsentieren, belehren, die Botschaft und die Gelüste ihrer Auftraggeber erfüllen. Alle verbindlichen Kunstideale, einst von den Akademien festgelegt, gehen verloren. Es gehört zum Grundcharakter der Moderne, dass jeder Künstler selbst urteilen darf, wie ein gelungenes Gemälde, eine geglückte Skulptur auszusehen hat. Die verbreitete Idee des Genies verlangt es geradezu, dass der Maler oder Bildhauer nicht den tradierten Normen folgt, sondern seine eigenen Maßstäbe setzt. Damit aber, mit dieser ästhetischen Relativierung, wird auch die ästhetische Eigenmächtigkeit prekär.

Ein Maler der Vormoderne weiß sich – unabhängig vom jeweiligen Auftraggeber – eingebettet in eine lange Geschichte der Stile, der ikonografischen Ausdeutungen und Techniken. Er vermag diese Geschichte auf seine Weise zu variieren und fortzuspinnen, und jeder Betrachter kann seine Kunst folglich auf diese Weise begreifen: als Teil einer übergeordneten Entwicklung der Malerei oder Skulptur. Selbstverständlich bewegt sich auch der Künstler der Moderne im Kontext einer solchen Entwicklungsgeschichte, doch erstens verläuft diese weit weniger linear und zweitens wird seine Kunst mit einem anderen Anspruch konfrontiert, nämlich mit dem, idealerweise alle Traditionslinien zu kappen und eine eigene Tradition zu begründen.

Weil es keinen konzisen Kanon mehr gibt, nichts, was einer Regelästhetik gleichkäme, ist das einzelne Kunstwerk vor allem auf seine Beglaubigung angewiesen. Weil potentiell alles als Kunstwerk deklariert werden kann, wie etwa Arthur C. Danto dargelegt hat, weil also keine formalen Kriterien existieren, die über den Status und die Bedeutung eines Werkes entscheiden, bedarf es anderer Instanzen. Eine ist das Museum, eine noch wichtigere ist der Künstler. Er muss am Ende durch seine Person und also durch sein ethisches Verhalten die ästhetische Integrität seines Werkes erst ermöglichen.

Angenommen, es käme heraus, dass Marcel Duchamp nicht im Namen der Kunst handelte, als er einen gewöhnlichen Flaschentrockner zu einer museumswürdigen Skulptur erhob. Angenommen, er wäre von einer Flaschentrockner-Industrie dafür bezahlt worden, diesem Produkt eine größtmögliche Aufmerksamkeit zu erschleichen. Angenommen, auch die Museen wären heimlich in diese Kampagne eingebunden gewesen. Dann würde die Bedeutung Duchamps, sicherlich einer der einflussreichsten Künstler des 20. Jahrhunderts, deutlich geschmälert. Denn das Werk als solches gibt es nicht. Es zählen nicht die intrinsischen Qualitäten, seine technische Virtuosität oder kompositorische Raffinesse, sein Anspielungsreichtum. Was allein zählt, ist die Idee. Diese aber bezieht ihre Kraft ganz wesentlich aus der Lauterkeit der sie grundierenden Motive. Und Lauterkeit bedeutet in diesem Fall, dass sie allein der Kunst dienen und die Kunst meinen. Je prekärer also der ästhetische Status eines Werkes, desto wichtiger wird die ethische Absicherung.

Dieses gilt umso mehr, da vormoderne Künstler in der Regel nicht dazu neigten, ihre eigenen Träume, Hoffnungen oder Zornesausbrüche zum Thema ihrer Kunst zu machen. Ihre Werke waren kein bewusster Ausdruck eines verborgenen Ichs, und schon deshalb kann der Betrachter bei einem Gemälde Caravaggios leichter über alle biografischen Aspekte hinwegschauen. Schier unmöglich ist dies hingegen bei Künstlern wie Joseph Beuys oder Christoph Schlingensief, die nicht mehr zwischen Leben und Werk trennen wollten. Einige wie Timm Ulrichs und Ben Vautier haben sich selbst zu Kunstwerken erklärt und ausgestellt, andere wie Gilbert und George oder Marina Abramović machen ihren eigenen Körper, manchmal ihren Alltag zum Gegenstand ihrer Kunst. Umso mehr hängt die Glaubwürdigkeit an ihnen als Person. Auch hier sind Ethik und Ästhetik eng verknüpft und von einer Eigenmächtigkeit der Werke kann nur schwerlich die Rede sein.

Damit ist nicht gesagt, dass die Künstler einem gesellschaftlichen Verhaltenskodex zu genügen hätten, um in ihrem Kunstschaffen ernst genommen zu werden. Gerade in jener Zeit, als es für viele zu den Tugenden der Kunst gehörte, besonders untugendhaft aufzutreten, entfaltete sich die ethisch geprägte Wirkung der Ästhetik im Regelbruch, und erst die Gegen- oder Antiethik beglaubigte den Künstler und seine Kunst. Hätte sich im Nachhinein herausgestellt, dass es nicht der Maler Jörg Immendorff war, der 2003 in einem Düsseldorfer Luxushotel ein Gelage mit neun Prostituierten und jeder Menge Kokain abhielt, dass er stattdessen einen guten Immendorff-Imitator engagiert hatte, um endlich wieder in die Schlagzeilen zu kommen und seinen Ruf als Rebell zu festigen, wäre seine Glaubwürdigkeit sicherlich infrage gestellt worden. In gewisser Weise ereilte dieses Schicksal den Maler Georg Baselitz, dessen Karriere mit einem Skandal begann, ohne den das Image des kompromisslosen und unduldsamen Künstlers nicht so rasch etabliert worden wäre. Die Geschichte des Skandals wird seither immer wieder nacherzählt: Einzelne Bilder aus seiner Galerieausstellung in Berlin waren Mitte der sechziger Jahre von der Staatsanwaltschaft beschlagnahmt worden – wegen ihrer vermeintlich pornografischen Darstellungen. Doch erwies sich der Skandal als geschickte Inszenierung, eingefädelt durch den Journalisten Martin Buttig, wie der Galerist Michael Werner später berichtete:

> »Nach der Baselitz-Eröffnung saß ich mit Martin Buttig in einer Kneipe. Es wurde viel Bier und Schnaps getrunken und irgendwann sagte er: Noch nie ist irgendein Künstler ohne Skandal berühmt geworden, wir brauchen einen Skandal. Wie er das machen wollte, fragte ich ihn. Das sei relativ einfach. Er ging zum Telefon, kam zurück und sagte: Wir haben den Titel! […] Morgens lese ich dann in der *Berliner Zeitung*: ›Skandal, Pornographie in einer Galerie am Kurfürstendamm – Staatsanwalt beschlagnahmt zwei Bilder.‹ Das war eine Erfindung. Ich gehe zur Galerie, der Staatsanwalt steht schon vor der Tür und nimmt pflichterfüllt zwei Bilder mit.«[4]

Seitdem verfolgt Baselitz der Verdacht, seine Kompromisslosigkeit sei vielleicht nur eine Pose, und gelegentlich wird ihm seine Nähe zur Finanz- und Wirtschaftselite zum Vorwurf gemacht, weil auch diese sein Selbstbild des Außenseiters und damit seine Kunst diskreditiere.

Noch problematischer wird die Vorstellung von einer Kunst, die nur Kunst sei und deshalb fernab aller moralischen Fragen existiere, wenn sowohl der Vorstellung vom Künstlersubjekt als auch dem modernen Werkbegriff jegliche Relevanz abgesprochen wird. Insbesondere für die postautonome Kunst zählt weniger das gestaltete, in sich geschlossene Objekt; viel

4 »›Ich wollte meine eigenen Nachrichten machen‹«, Interview mit Michael Werner, in: *Artnet* (20.05.2011), online verfügbar unter: {http://www.bvdg.de/sites/default/files/artnet%20Magazin%2020.05.2011.%20Interview%20mit%20Michael%20Werner.%20Von%20Birgit%20Maria%20Sturm.pdf}.

entscheidender wird das, was oft das Prozesshafte und Performative genannt wird. Auf ähnliche Weise gilt auch die Idee des selbstbestimmten Autors als überholt, das Genie ist abgeschafft. Dafür gewinnen Partizipation und kollektive Gestaltfindung an Bedeutung, wenn es denn um eine Gestalt überhaupt noch geht. Neben einer »autorenzentrierten Produktion von Objekten, die eng verknüpft ist mit der spezifischen Sozialordnung des Kunstmarktes«, sollen sich »offene, kommunikative Kunstpraxen« entwickeln.[5] Ob und wie diese Ansprüche tatsächlich eingelöst werden, ist dabei für die Frage nach den ethischen Implikationen nicht entscheidend. Denn die Geste ist eindeutig: Der Künstler weicht der Verantwortung aus, er macht sich unangreifbar, wenn es kein definiertes Werk, keinen definierten Autor mehr gibt.

Wenn es aber kein definiertes Werk gibt, kann es auch keine ästhetische Eigenmächtigkeit geben, und die normativen Fragen stellen sich nur umso drängender. Der Kunstvorbehalt, also die Vorstellung eines außermoralischen Raums, lässt sich nicht beliebig ausdehnen. Er hängt an einer klar umrissenen Rolle des Künstlers und an einem definierten Rahmen dessen, was man als Werk bezeichnet. Diese Rolle und dieser Rahmen können verformt und neu justiert werden; sie aber gänzlich zu verlassen löst die Trennlinie zwischen Kunst und Nichtkunst endgültig auf.

Das mag tatsächlich das erklärte Ziel mancher Künstler sein; es steht ihnen frei, die Grenze einzureißen. Allerdings geht damit eine andere Freiheit verloren: die Freiheit der Kunst von allen normativen Belangen. Desto mehr bedarf es daher einer Diskussion über die Ethik der Ästhetik – über das, was

5 Karen van den Berg und Ursula Pasero, »Introduction«, in: dies. (Hg.), *Art Production Beyond the Art Market?*, Berlin 2013, S. VII-XV, hier S. IX.

Künstler tun, unter welchen Umständen sie es tun und was dabei entsteht.

Welche Verantwortung trägt die Kunst?

Schon oft wurde diskutiert, wie verletzend Bilder sein können, auf welche Weise sie Grauen erregen und Menschen bloßstellen. Jeder Pressefotograf muss heute über sein Handeln entscheiden, darüber, wie er beispielsweise mit einem blutigen Attentat umgeht: Achtet er die Würde eines von Bomben zerfetzten Menschen und verzichtet auf eine detailreiche Darstellung des Toten? Oder hält er es im Sinne der Aufklärung für geboten, die Gewalt auch als Gewalt zu zeigen? Der Kunsthistoriker Horst Bredekamp sieht selbst die Betrachter eines Bildes in der moralischen Mitverantwortung, dann nämlich, wenn eigens Menschen gefoltert oder geköpft worden sind, um die Fotografie anfertigen und verbreiten zu können. Das bloße Ansehen werde zu einem Akt der Komplizenschaft.[6]

Vielleicht ist das übertrieben, gleichwohl lässt sich aus dem extremen Beispiel einiges für die Welt der Kunst ableiten. Denn auch Künstler arbeiten keineswegs nur mit fiktiven Bildern, ja, es gehört zu den populärsten Spielformen der Gegenwartskunst, sich nicht primär der eigenen Fantasie anzuvertrauen. Vielmehr greifen sie auf gegebene Dinge in der Welt

6 »Wenn das Töten eines Menschen den Zweck hat, seinen Tod zum Bild werden zu lassen, dann ist das Betrachten dieses Bildes unabdingbar ein Akt der Beteiligung« (»Wir sind befremdete Komplizen«, Horst Bredekamp im Interview mit Ulrich Raulff, in: *Süddeutsche Zeitung* [28.05. 2004], S. 17).

zurück, auf Werbefotografie ebenso wie auf Zeitungsbilder oder Alltagsgegenstände, und sie alle verdanken sich bestimmten Interessen, haben eine Entstehungsgeschichte, die durchaus schuldbehaftet sein kann; man denke etwa an die Fotografien versehrter Soldaten, die Thomas Hirschhorn für eine Installation verwendete. Weil er und viele andere Künstler den tradierten Kunstvorbehalt nicht länger geltend machen wollen, werden auch sie mit der Frage konfrontiert, ob und wie sie sich zur Entstehungsgeschichte der inkorporierten Dinge verhalten. Sowenig die Fotografie eines geköpften Menschen ein unschuldiges Bild ist, so wenig lässt sich von der postautonomen Kunst behaupten, sie existiere in einem ethischen Vakuum.

Künstler vom alten Schlage, nur sich selbst verpflichtet, werden es anders sehen. Doch für den involvierten, den kooperierenden Künstler, der Aufträge annimmt und die eigenen Interessen mit den Interessen anderer abgleicht, für den ist ein Werk nie nur ein Werk. Es wird ja nicht allein von ästhetischen Absichten getragen, es entsteht auch nicht nur ein ästhetischer Nachhall. Vielmehr wird die Kunst eingebunden in ein Geflecht diverser Motive und Hintergründe. Und ein Künstler, der diese Motive und Hintergründe nicht sieht, der nicht klärt, ob er diese in ethischer Hinsicht verantworten möchte, den wird man wohl naiv nennen müssen. Er übergibt der Deutschen Bank sein Gemälde und erkennt nicht, dass er sich damit im Bredekamp'schen Sinne zum Komplizen macht. Er glaubt, Teil einer großen Ausstellungsperformance zu sein, und übersieht, unter welchen fragwürdigen Bedingungen das Geld für dieses Unterfangen verdient wurde und wie sehr er mit seiner Kunst dazu beiträgt, dass die Allgemeinheit eben über diese Bedingungen großzügig hinwegschaut.

In der Vormoderne konnte sich der Künstler über alle ethischen Einwände und Zweifel schon deshalb erhaben wähnen, weil er nicht sein eigener Herrscher war; er war Untertan. Heute aber, da die Auftragskunst wieder an Bedeutung gewinnt, sind die Verhältnisse andere. Der Künstler muss für das einstehen, was er für wichtig und richtig hält. Er bleibt, bei allen Abhängigkeiten, das mündige Subjekt der Moderne.

II. Alltag und Ästhetik
Wie die Kunst ihre Versprechen einlöst und die Gesellschaft zur Kunstgesellschaft aufsteigt

Über nichts wurde in der Kunstwelt des beginnenden 21. Jahrhunderts so erregt gesprochen wie über das große Geld. Das Geld schien alles gleich zu machen, aus dem ideellen Gut der Kunst wurde banale Ware. Es war ein Sieg des Materialismus über das Immaterielle und war zugleich das Gegenteil: Denn just in seiner Banalisierung und Gleichmacherei erwies sich das Geld als die stärkste aller sinn- und bedeutungsstiftenden Mächte. Was teuer gehandelt wird, dem wachsen Ruhm und Glanz zu. Mehr noch, was nicht gehandelt wird, verliert jeden Anspruch auf Geltung. So formulierte es 2014 der sozialdemokratische Finanzminister von Nordrhein-Westfalen, Norbert Walter-Borjans, als es darum ging, dass auch sein Land finanziell vom Boom profitieren wollte: »Ein Kunstwerk hat einen Wert, wenn es zu veräußern ist.«[1]

Doch die Erregung war nicht allein den unerhörten, alle ästhetischen Kriterien beiseiteschiebenden Summen geschuldet, die auf Auktionen selbst für atelierfrische Werke fast unbekannter, sehr junger Künstler wie Oscar Murillo erzielt wurden. Sie rührte auch nicht nur daher, dass die Kunst für manche zum ultimativen Statussymbol einer neofeudalen Geldelite avanciert war und andere, die sogenannten Art-Flipper, sie als nacktes Investment einsetzten. Dass manche

1 Christine Käppeler, »Vom Verlust von Werten«, in: *der freitag* (25.11.2014), online verfügbar unter: {https://www.freitag.de/autoren/christine-kaeppeler/vom-verlust-von-werten}.

Sammler nun den Preis eines Gemäldes als wichtigsten Indikator für dessen Wert begriffen, konnte zwar den allgemeinen Unmut über die neue Macht des Marktes befeuern. Der tiefere Grund aber, das Geld als eine regelrechte Bedrohung der Kunst zu empfinden, war ein anderer.

Niemand wird einem Künstler vorwerfen, dass er gutes Geld verdient. Niemand wird bestreiten, dass mit Kunstwerken gehandelt wird, seitdem es Kunstwerke gibt. Zudem war der Kunstmarkt schon immer eigenen und nicht selten irrationalen Gesetzen gefolgt. Für einzelne Werke wurden astronomische Summen ausgegeben. Manche Künstler brachten es zu überragendem Reichtum, manche Händler ebenfalls. Doch die finanziellen Aspekte blieben am Ende nebensächlich, weil anderes die Rezeption dominierte: die Auseinandersetzung um die Form, das Sujet, den Rang eines Werkes. In dem Maße aber, in dem die Künstler sich aller ästhetischen Verbindlichkeiten entledigten, in dem sie sich auch von jeder Programmatik lossagten und die Kunst von gesellschaftlichen Anliegen freisprachen, konnte das Geld zur bestimmenden Kraft aufsteigen. Das ist die kränkende Pointe des ökonomischen Erfolgs: Erst eine freie, deregulierte Kunst bereitete den freien, deregulierten Märkten das Feld.

Selbst große Profiteure – unter den Künstlern wie unter den Händlern – beklagen unterdessen Aus- und Rückwirkungen des überhitzten Geschäfts. So fühlt sich der Maler Gerhard Richter zwar von den Rekordpreisen, die für viele seiner Bilder auf Auktionen gezahlt werden, geschmeichelt, findet es aber zugleich »unerträglich und pervers, dass es solche Unsummen sind«.[2] Damien Hirst kritisiert die »Überteuerung«

2 Zitiert nach dpa, »Gerhard Richter: Viel heutige Auktionskunst ist ›Müll‹«, in: *Zeit Online* (16.05.2014), online verfügbar unter: {http://

der Kunst und findet sinkende Preise »ziemlich gut«.[3] Zugespitzt formuliert es der Galerist Bruno Brunet aus Berlin: »Das System ist so was von abgefuckt.«[4] Diese Einschätzungen gründen nicht zuletzt darauf, dass Geld nicht nur einen materiellen, sondern auch einen symbolischen Mehrwert mit sich trägt, insbesondere dann, wenn es im symbolischen Terrain der Kunst ausgegeben wird. Wenn sich ein Sammler findet, der für ein Gemälde eine gewaltige Summe hinblättert, obgleich es von einem eher unbekannten Künstler stammt und erst jüngst gemalt wurde, dann verleiht er dem Werk durch seinen Kauf erhebliche Anerkennung. Er beglaubigt Rang und Werk des Bildes. Stößt er dieses Werk aber wenig später wieder ab, was viele spekulativ agierende Käufer tun, dann profaniert er in gewissem Sinne die Kunst, er dementiert seinen zuvor bekundeten Glauben. Mehr noch, er untergräbt den symbolischen Wert des Kunstkaufes als solchen und mittelbar den symbolischen Wert der Kunst, vor allem wenn es sich nicht um einen Einzelfall handelt, sondern immer mehr Sammler sich rasch von ihren Erwerbungen trennen. Damit aber wird nicht nur das einzelne Werk, sondern ebenso der Künstler zum Objekt der reinen Marktwillkür. Auch deshalb, weil der Markt eine euphorisierende und eine

www.zeit.de/news/2014-05/16/kunst-gerhard-richter-viel-heutige-auktionskunst-ist-muell-16160802}.

3 Zitiert nach Stephen Adams, »Damien Hirst: ›My work's been overpriced‹«, in: *The Telegraph* (17.11.2008), online verfügbar unter: {http://www.telegraph.co.uk/news/celebritynews/3471343/Damien-Hirst-My-works-been-overpriced.html}.

4 Nicole Hackert und Bruno Brunnet im Interview mit Daniel Völzke, in: *monopol. Magazin für Kunst und Leben*, Juli 2014, S. 68-73. Eine kurze Zusammenfassung ist online verfügbar unter: {http://www.monopol-magazin.de/artikel/20108669/Contemporary-Fine-Arts–Nicole-Hackert-Bruno-Brunnet-.html}.

ernüchternde Macht besitzt, wurde die Wahrnehmung der Kunst im beginnenden 21. Jahrhundert von Zahlen, Preisen, Händlerdaten beherrscht. Die geschäftlichen Interessen entwickelten sich erst zum Selbstzweck und dann zum Selbstzwang. Wer viel verdiente, musste noch mehr verdienen, wer gewann, musste seinen Gewinn übertrumpfen. »Man unterliegt dem Zwang zum Wachse-oder-Weiche«, schreiben die Theoretiker Georg Seeßlen und Markus Metz. »Die Wachstumsprozesse freilich sind oft genug tödlich. Eine Galerie in Deutschland kann nicht aus dem Status einer selbstausbeuterischen Nischen-Existenz herauskommen, ohne dass, neben den jungen Künstlerinnen und Künstlern, denen vielleicht das Herzblut gilt, auch mit etablierten Namen gehandelt wird. Dies wiederum erzeugt neue Zwänge von Präsenzen und Beziehungen, die die Galeristen von ihren ursprünglichen Impulsen entfremden.«[5]

Die Kunst als Celebrity-Kultur

Umso mehr gerieren sich die Großgaleristen und Großsammler als die Mächtigen der Kunstwelt. Wer zuvor noch als Vermittler auftrat, nimmt nun die Rolle eines Produzenten ein, der sich um Finanzierung und Realisierung kümmert und – der Bedeutung des Produzenten in der Filmbranche nicht unähnlich – auf die eine oder andere Weise auch an

5 Markus Metz und Georg Seeßlen, *Geld frisst Kunst – Kunst frisst Geld. Ein Pamphlet*, Berlin 2014, S. 144. Dazu der Galerist Alexander Koch: »Hohe Preise haben selten mit ökonomischer Notwendigkeit und fast nie mit Zufriedenheit zu tun. Trotzdem bewegt sich alles weiter in diese eine Richtung. Galerien und Ateliers werden massiv größer, weil das System es so abruft« (»The winner takes it all?«, a. a. O.).

der Ideenfindung beteiligt ist. Ein geradezu naturhaftes Ineinander von Vertrieb und Produktion wissen beispielsweise die Galeristen Iwan und Manuela Wirth zu inszenieren, die in der englischen Grafschaft Somerset einen denkmalgeschützten Hof mit Ställen und Scheunen in eine Dependance ihrer Galerie umgestalten ließen, die sich weniger als Ort des Verkaufs als der Kreativität versteht. Hier wird Kunst nicht nur ausgestellt und vertrieben, hier entsteht sie auch. Als Artists in Residence werden Künstler wie Pipilotti Rist oder Guillermo Kuitca eingeladen, einige Wochen in Somerset zu verbringen und die Galerie als Ort der Inspiration zu erfahren. Die ästhetische und die ökonomische Dimension der Kunst fließen ineinander.

Auf dem Markt spiegelt sich diese Verquickung im Triumph der unfasslichen Zahl, die den unfasslichen, geradezu erhabenen Wert eines Gemäldes oder einer Skulptur zu garantieren scheint.[6] 142 Millionen Dollar für ein Triptychon von Francis Bacon, 105 Millionen Dollar für ein Werk von Andy Warhol, 58 Millionen Dollar für eine Skulptur von Jeff Koons. »Eine gute Handvoll global agierender Großgalerien und ein paar extrem einflussreiche Großsammler erzeugen das Bild eines keine Limits kennenden ›Goldrausches‹«, befindet der Intendant des Kunstmuseums Bonn Stephan Berg.[7] Katja Blomberg, Direktorin des Hauses am Waldsee in Berlin, sagt: »Der Eindruck des Unseriösen wächst angesichts astronomischer Summen, die für fast noch atelierfrische Ware etwa von Tauba

6 Siehe auch Hanno Rauterberg, *Und das ist Kunst?! Eine Qualitätsprüfung*, Frankfurt/Main 2007, S. 34f.

7 Gabriele Lindinger, Karlheinz Schmidt, Ingeborg Henze-Ketterer und Jörg Restorff (Hg.), *Kunstjahr 2014. Die Zeitschrift, die Bilanz zieht*, Berlin 2014, S. 241.

Auerbach oder Peter Doig auf Auktionen gezahlt werden.«[8] Der Sammler Christian Boros meint: »Wenn man nicht dagegensteuert, wird Kunst nicht mehr Ausdruck von Wahrheit, Moral und Kritik, sondern nur noch ein Wohlstandsparameter sein.«[9]

Mit dem großen Geld verschiebt sich mithin nicht nur das Verhältnis von Markt und Ästhetik, auch die ethische Dimension, die Frage nach dem Wozu und Wofür der Kunst, ist berührt. Wissen die gewaltigen Summen zwar einen überwältigenden Effekt zu erzeugen und lassen damit die Kunst zu einem Symbol eines permanenten, sich selbst speisenden Erfolgs werden, so relativiert doch das Geld, das sich an der eigenen Macht zu berauschen weiß, auf Dauer die Macht der Ästhetik. Neben den glanzvollen Auktionsergebnissen erscheint die Kunst seltsam ermüdet und ausgehöhlt. Sie hat eine schlagende Konkurrenz bekommen. Denn, so formuliert es der Theoretiker Jörg Scheller, der Markt beginnt sich als ein eigenes Artefakt zu begreifen. »Mehr noch, er wird autonom, er beerbt die in die Jahre gekommene autonome Kunst. Was Mittel war, wird zum Zweck.«[10]

So hatte der Sammler Adam Lindemann eine Skulptur von Jeff Koons, das *Hanging Heart*, bereits erworben, bevor es überhaupt angefertigt worden war. Und er verkaufte es weiter, ohne es je in den eigenen Räumen bewundert zu haben. Direkt aus der Werkstatt wurde es an das Auktionshaus Sotheby's geliefert, wo es 2007 versteigert wurde, abermals

8 Ebd., S. 242.

9 Ebd.

10 Jörg Scheller, »Schwarze Zahlen statt schwarzer Quadrate«, in: Gabriele Lindinger, Karlheinz Schmidt, Ingeborg Henze-Ketterer und Jörg Restorff (Hg.), *Kunstjahr 2014. Die Zeitschrift, die Bilanz zieht*, Berlin, S. 32-35, hier S. 32.

ohne dass der neue Eigentümer es tatsächlich gesehen hätte; er kannte es nur von Abbildungen und einem Video. Lindemann hatte 1,9 Millionen Dollar gezahlt, der nächste Käufer musste 23,6 Millionen ausgeben.[11] Die Kunst war nur noch ein willkommener Anlass, um sich mit großen Summen großen Ruhm und großen Gewinn einzuhandeln.

Es ist wie mit Paris Hilton und anderen sogenannten Celebrities, die weder besonders gut aussehen noch besonders gut singen, tanzen, schauspielern oder gar denken können, die es aber dennoch zu erheblicher Bekanntheit bringen. Diese Menschen sind berühmt dafür, berühmt zu sein – und entsprechend ergeht es der erfolgreichen Kunst, die man deshalb liebt, weil sie Erfolg hat. So kommt es, dass sie keineswegs nur in Fachmagazinen wie ehedem, sondern auch in Lifestylemagazinen und Boulevardblättern groß und bunt in Szene gesetzt wird, zusammen mit den Schönen und Wichtigen dieser Welt. Niemand muss sich nun für Kunst interessieren, um sich für Kunst zu interessieren. Denn Kunst ist für viele nur noch ein anderes Wort für Geld. Nicht zuletzt deshalb wirkt sie oft so normal, so austauschbar.

Allerdings erscheint die Kritik am Markt, wie berechtigt sie im Einzelfall auch sein mag, mitunter wie eine Fixierung. Mit erstaunlicher Angstlust blickt ein Teil der Kunstwelt auf die Endlosmillionen, die für manche Werke ausgegeben werden, und ebenso starr auf das Milieu der Superreichen, die wiederum in der Kunst vor allem einen Imagegewinn sehen. Das al-

11 »Warum es keine Neureichen mehr gibt«, Tobias Meyer im Gespräch, in: *Frankfurter Allgemeine Zeitung* (06.02.2012), online verfügbar unter: {http://www.faz.net/aktuell/feuilleton/kunstmarkt/auktionen/tobias-meyer-im-gespraech-warum-es-keine-neureichen-mehr-gibt-11636848-p4.html?printPagedArticle=true#pageIndex_4}.

lein aber kann die Normalisierung nicht erklären. Ebenso wenig begründet es das gewachsene gesellschaftliche Interesse, von dem die Museen, die Galerien und Kunstvereine profitieren. Zwar mag von der Dekadenz, die auf Auktionen und manchen Messen zelebriert wird, eine eigene Faszination ausgehen. Doch sie allein könnte kaum begreiflich machen, warum die zeitgenössische Kunst, über Jahrzehnte in den Augen vieler ein elitäres Vergnügen und eine Sache der akademischen Milieus, mittlerweile zum allgemeinen Partygespräch ebenso taugt wie zur touristischen Stadtvermarktung.

Jenseits des ökonomischen Auftriebs gibt es ein wachsendes Interesse an dem, was man die Versprechen der Kunst nennen könnte. Gerade weil sie nicht länger eine ferne Gegenwelt verheißt, weil sie sich normalisiert hat, gewinnt sie für nicht wenige Menschen eine neue Bedeutung. Sie verkörpert auf greifbare Weise die Tugenden einer Gesellschaft, die sich im Zeichen der Digitalmoderne ebenso wandelt wie die Kunst. In ihr offenbart sich, was viele als gutes Leben ersehnen.

Genieße die Vielfalt! – Ein Leben voller Optionen

Wie sehr sich diese Wunschbilder verändert haben, wie stark das bislang übliche Kunst- und Künstlerideal sich auflöst, das lässt sich bereits daran erkennen, dass der Boom der vergangenen Jahre zwar einige Medienidole hervorgebracht hat, mögen sie nun Jeff Koons, Neo Rauch oder Damien Hirst heißen. Doch handelt es sich bei diesen Idolen nur in sehr wenigen Fällen um Exemplare der Gattung Künstlerheld. Der allgemeine Kunsterfolg verdankt sich nicht dem über Jahrhunderte verehrten Künstlergenie und auch nicht dem einsamen Schöpfer. Von den tradierten Mythen ist nicht allzu viel übrig geblieben, und entsprechend ist die Kunst auch nichts mehr, das mit heiligem Ernst bewundert würde und über das man nur mit Flüsterstimme und im Andachtston sprechen könnte. Nach kühnen Helden und einsamen Genies, nach Schamanen und Rebellen muss man unter den Gegenwartskünstlern, vor allem unter den jüngeren, lange suchen. Den gepflegten Wahnsinn, die verletzende Übertreibung, den Vatermord hat die Kunst im 21. Jahrhundert weitgehend hinter sich gelassen.

Natürlich feiern auch die sogenannten Stars und Großkünstler ihre Erfolge und erfreuen sich einer breiten Popularität. Doch nicht sie waren es, die der Kunst ihren durchschlagenden Erfolg erkämpft haben. Zugespitzt könnte man sagen: Erst das Heldensterben machte die Kunst zum Massenphänomen. Oder vorsichtiger formuliert: Das Prinzip des Heldischen musste erst an ein Ende kommen, der Nebel des Mystizismus sich erst lichten, das Geraune vom Hehren und Guten und Absoluten der Kunst erst verstummen. Denn erst nach dem Ende der Vergötterung und Anbetung, nach dem Abdanken der Kunstreligion konnte die Kunst zu dem werden, was sie heute größtenteils ist: nichts Weihevolles mehr, nichts Ehrfurchtgebietendes, sondern eine Form kultureller Alltagserfahrung.

Noch immer gibt es einen Kult des Künstlers, doch unterscheidet er sich gravierend von dem der vergangenen zweihundert Jahre. Es ist ein Kult, der nicht das Einmalige, sondern das Aktivische zelebriert, nicht das Werk, sondern die Tat. Vor allem aber ist es ein Kult um das Vielförmige und Mehrdeutige. Geschätzt wird es, wenn Künstler immerzu die Rollen wechseln, wenn sie als Maler ebenso selbstverständlich auftreten wie als Musiker, Bildhauer, Videokünstler oder Schauspieler und also das Ideal der Multioptionalität verkörpern. Diesem Ideal vor allem verdankt sich der Erfolg einer Künstlerin wie Klara Lidén. 1979 in Stockholm geboren, war sie schon mit knapp dreißig Jahren auf dem Weg zum Kunstweltstar, bedacht mit hoch dotierten Preisen. Dabei ist ihre Kunst nicht sonderlich fotogen, nicht besonders originell, nicht überwältigend, nicht provokativ. In ihren Ausstellungen sind ein paar grobkörnige Lichtbilder von Hochhausdächern, Gepäckbändern oder Büroräumen zu sehen. Sie stellt einige pittoresk verbeulte Mülleimer ins Museum oder eine aus Altpapier angefertigte Bank. Ihre Kunst kann Installation sein, Performance, Video oder Musik mit Hausschlüsseln. Das Video, das Lidén erste Erfolge einbrachte, hätte ebenso gut auf YouTube laufen können. Dort kann man die Künstlerin dabei beobachten, wie sie auf einer U-Bahn-Fahrt einen wilden Tanz aufführt, sich halb entkleidet, sich auf den Boden wirft, ohne dass die Mitreisenden sich darum scheren würden.

Immer wieder zeigt sich Lidén in ihren Videos als eigene Hauptdarstellerin: wie sie sich selbst gegen den Kopf schlägt, wie sie ein Fahrrad zertrümmert, wie sie langsam vom Klo fällt. Das sichert ihren Werken den Anschein von Dringlichkeit. Doch kippt Lidéns Kunst nie in einen billigen Exhibitionismus. Sie setzt sich selbst in Szene und umgibt sich doch mit einer Aura der Unerreichbarkeit. Sie räumt, wie einmal in Stockholm, ihr komplettes Wohnzimmer ins Museum, verweigert aber jedes Interview. Wenn sie sich gelegentlich äußert, dann in kryptischen Andeutungen. Das verleiht ihrer Kunst die nötige Eigenwirkung, denn die Werke sollen mehr sein als Souvenirs ihres Seelenlebens. Zugleich entzieht sich Lidén auf diese Weise jeder Festlegung und auch der Kritik.

Viele Künstler der Gegenwart verstehen sich nicht als Formerfinder oder Allegorienschöpfer, sondern als Sachensucher.

Auch Lidén zählt zu ihnen, oft greift sie auf wohlvertraute Dinge zurück, nicht selten abgenutzt und von der Patina des Realen überzogen. Sie verwandelt das Gewöhnliche in Kunst und folgt damit einer wohlvertrauten und weitverbreiteten Künstlerstrategie. Pries das 19. Jahrhundert noch das Wahre und Schöne, hat der Klassizismus der Gegenwart sich auf das Vage und Schrundige verlegt. Es ist mittlerweile ein akademischer Antiakademismus daraus geworden: Als ideal gilt, was unideal erscheint, halb fertig, unausgegoren. Die Künstler heben auf, was die Gegenwart an Bildern und Dingen zurücklässt, und sie formen daraus ihre Collagen und Installationen. Sie sind Verwerter und Verwalter des Gewesenen. Das Bewahren, nicht das Aufbrechen, ist ihr oberstes Ziel.

Die Erfolge von Reproduktion und Rekreativität

Für die lauten Künstler der Avantgarde galt es noch als vornehmste Pflicht, sich bis zu den Ursprüngen vorzukämpfen, zu jener Quelle, die auf Lateinisch *origo* heißt und die im Begriff der Originalität fortlebt. Die leisen Künstler von heute interessieren sich hingegen nur wenig für Quellen, sie wollen auch nicht unbedingt kreativ sein, sondern verlegen sich auf das, was manche Rekreativität nennen. Eine Kunst mit großem R: Recycling und Reenactment, Reproduktion und Reprise, Remix, Ripping und Remake. Die Künstler erkunden die reichen Gefilde der Kunstgeschichte, durchstreifen ebenso die Alltagswelt der Bilder und Objekte, begreifen das Internet als ihre digitale Vorratskammer – und präsentieren ihre Funde zumeist als Variationen des Bekannten. Selbst Georg Baselitz bringt viele seiner alten Bildwerke in neuer Interpretation ein zweites Mal auf die Leinwand. Und erstaunt stellte er fest, dass er mit diesem Blick zurück nicht allein ist:

> »Das sind vor allem ganz junge Künstler, die malen wie Philip Guston und das ist völlig in Ordnung. Tracey Emin hat Zeichnungen gemacht, die sind wie de Kooning. So kann man es machen. Und wenn ich mich in der Galerie bei Jay Jopling frage, wann Francis Bacon diese schwarze Serie gemacht haben soll, weil ich doch eigentlich alles von dem kenne, dann sagt der Galerist, dass die von Damien Hirst sind. Als ich Bilder von Cecily Brown sah, dachte ich, das kann nicht sein, das hat etwas mit mir zu tun. Aber ich habe es nicht gemacht.«[12]

Viele weitere Beispiele lassen sich anführen, die den Abschied vom Innovations- und Originalitätszwang belegen. So wird bei Sven Drühl das *Eismeer* von Caspar David Friedrich zu einem kaltweißen Bild aus Neonröhren. Tatjana Doll hat sich Pablo Picassos endlos reproduziertes *Guernica*-Opus vorgenommen und malt es ab, mit vielen Tropfspuren. Eine andere Künstlerin spielt eine Performance von Marina Abramović nach. Ein wiederum anderer bringt die Malspuren von Jackson Pollock als Zeichnung auf Papier. Auch das Werk von Andy Warhol wird von Gavin Turk und anderen Künstlern wieder aufgelegt. Und so erscheint es im Nachhinein als geradezu visionär, dass die Netzkünstlerin Cornelia Sollfrank bereits 1999 den »Net Art Generator« entwickeln ließ, ein Computerprogramm, das im Internet per Mausklick eigenständig die buntesten Amalgame aus lauter Internetbildern anfertigt. Die Theoretikerin Marjorie Perloff spricht in solchen Fällen vom »unoriginellen Genie«.[13]

12 »In einem Zustand bar aller Zweifel«, Catrin Lorch im Gespräch mit Georg Baselitz, in: *Süddeutsche Zeitung* (12.09.2014), S. 13.

13 Marjorie Perloff, *Unoriginal Genius – Poetry by Other Means in the New Century*, Chicago 2010.

Nun sind Collage und Pastiche lange schon Kunstgeschichte. Es ist überhaupt nichts Neues, das Originalgenie des Künstlers zu zerpflücken. Ob Fake oder Appropriation Art – viele postmoderne Spielformen haben die alten Mythen abgeräumt und die Vorstellungen vom autonomen, authentischen Kunstwerk wurde spätestens in den sechziger Jahren zerlöchert, als Minimal, Fluxus und Concept Art ihren Anfang nahmen. Doch wenn beispielsweise Elaine Sturtevant ihre Kollegen Joseph Beuys oder Roy Lichtenstein derart akribisch nachahmte, dass kein Unterschied zwischen Original und Kopie zu erkennen ist, dann handelte es sich dabei doch immer noch um eine demonstrative, belehrende Geste. Sturtevant machte etwas Neues, indem sie auf alles Neue verzichtete. Die Gegenwartskunst hingegen erhebt keinen Anspruch darauf, sich von der Tradition abzuheben. Die meisten Copy- und Collage-Künstler machen sich nicht über die Bilder anderer lustig, sie schmähen und fleddern sie nicht. Eher begegnen sie ihnen mit wohlwollendem Respekt. Und sie verstehen ihre Kunst als eine Form der Aktualisierung. Was eben noch abgelegt und verstaubt und in kunsthistorischen Begriffen eingesperrt war, greifen sie auf, um es sich zu eigen zu machen. Statt also andere Künstler, die alten wie die jungen, als Konkurrenten zu betrachten, sehen sie in ihnen eher Geschwister. Es kommt ihnen selbstverständlich vor, die Kunst mit diesen zu teilen.

Geistiges Eigentum oder Urheberrecht halten viele längst für vergilbte Begriffe. Sie nehmen sich, was sie brauchen, und haben nichts dagegen, dass sich andere wiederum bei ihnen bedienen. Die Kunst wird als kollektiver, unabgeschlossener Vorgang verstanden, der die Vergangenheit ebenso einbindet wie das, was heute an Bildern produziert wird. Je weiter aber das eigene, klar konturierte Ich in den Hintergrund tritt, desto unbestimmter erscheint die Gegenwartskunst. Sie soll möglichst offen wirken, soll nichts und niemanden ausschließen. Ein jeder kann hineinlesen, was immer er möchte. So leistet diese Kunst einer Normalisierung schon deshalb Vorschub, weil sie dem Publikum vor allem eines erlaubt: Selbstbestätigung und eine Überhöhung des Status quo.

Im postindustriellen Zeitalter ist es für viele zum Inbegriff des guten Lebens geworden, sich nicht auf einen Lebensentwurf festlegen zu müssen. Immer wieder einen Anfang zu wagen, sich mit dem Erreichten nicht zufriedenzugeben, mobil, wachsam, flexibel zu sein, gilt allgemein als Ideal einer neoliberal bestimmten Gesellschaft. Dieses Ideal findet in der Kunst eine ästhetische Entsprechung, hier wird überhöht, wird als richtig und gut ausgewiesen, was nicht wenige Zeitgenossen als durchaus bedrohlich empfinden. Noch vor dreißig Jahren waren viele Lebensbahnen vorgezeichnet, es gab nicht den permanenten Zwang, sich entscheiden zu müssen. Unterdessen gilt so gut wie nichts mehr als gegeben, ein jeder ist angehalten zu wählen, was denn nun das Beste für ihn sei: welcher Handytarif, welche Schule, welches Müsli, welche Form der Geburtsdiagnostik, welches Girokonto, welche Bestattungsweise. Je mehr der Mensch aber versucht, alles selbst zu regeln, desto mehr wird er zum Objekt des eigenen Regelzwangs. Er reibt sich auf an der eigenen Mündigkeit.

Umso inniger werden die Künstler für ihr souveränes Spiel mit der Kontingenz bewundert, sie sind die Meister des Hybriden. Sie leben eine Freiheit von allen Konventionen, und wo sich andere angesichts unendlicher Optionen am Ende für gar nichts mehr entscheiden können und der Aufforderung, doch bitte auch das Unvereinbare zu vereinen, nur noch mit einem Gefühl von Burnout und Depression begegnen können, da zeigt ihnen der Künstler, wie man es macht: ohne Scheu noch zwischen den härtesten Gegensätzen zu vermitteln, das Alte ebenso einzubinden wie das Junge, das Triviale und Hochstehende, das Kunsthafte und Kunstlose. Aus dem Künstler als Ausnahmegestalt ist eine einnehmende Gestalt geworden, ein Inbild der Inklusion.

Sei ganz du selbst! – Ein Leben in Differenz

Alles kann Kunst sein und ein jeder darf sich Künstler nennen. Das war das Grundversprechen der Moderne: Hier ist nichts unmöglich für niemanden. Hier zählen nicht Bildung, nicht Abkunft und Vermögen. Hier zählt allein das wahrhaftige Wollen. Diese Vorstellung entwickelte sich im ausgehenden 18. Jahrhundert auch aus einem antiaristokratischen Impuls heraus. Der Adel war durch seine Herkunft legitimiert, die Künstler hingegen setzten sich über alle Traditionen hinweg, wollten Abgrenzung, nicht Nachfolge. Sie waren ihre eigenen Urheber, selbstbestimmt, sich selbst beglaubigend. Als solche, als ungebundene Subjekte, konnten sie zum Vor- und Sehnsuchtsbild der Bürger aufsteigen. Diese waren nicht zuletzt deshalb bereit, für künstlerische Schöpfungen zu bezahlen, für Werke, in denen sich das Versprechen auf Differenz und Freiheitlichkeit zu verwirklichen schien.

Unterdessen hat sich die Verheißung für viele erfüllt. Das Selbstschöpferische ist zu einer Leittugend der Digitalmoderne geworden, ohne sie wäre die sogenannte Kreativindustrie nicht denkbar. Auch das Prinzip der Abweichung, dem die Künstlerschaft einst auf eine romantisch verklärte Weise besonders verpflichtet war, ist allgemeingültig geworden. Die Werte der Kunst sind eingegangen in eine Lebensform. Einst versprach sie das Unbekannte, heute lebt jedes Event davon. Und auf durchschnittliche Weise außergewöhnlich zu sein, ist geradezu der Imperativ einer neoliberalen Gesellschaft, die sich von den Bindungen an Tradition und Konvention lossagt, nicht aber von der Norm, dass künftig ein jeder seiner eigenbestimmten Normativität zu folgen habe.

Das kann für den einen oder anderen durchaus eine Zumutung sein. Wenn die alten Rituale an Bedeutung verlieren, wenn vermeintlich sichere Glücksvorstellungen wie Ehe, Familie, Karriere brüchig werden, dann erleben nicht wenige die Pluralisierung der Lebensstile als Bedrohung oder zumindest als Beunruhigung. Sie spüren den Konformitätsdruck des Nonkonformismus. Auch das erklärt den Aufstieg des Künstlers zum Rollenmodell. Er ist der oberste der normalen Normalabweicher. In ihm gelangt die Auflösung aller Verbindlichkeiten zu einer rühmenswerten Form. In seinem Wollen und Wirken wird die Freiheit produktiv und erträglich. Denn der Künstler, so die verbreitete Projektion, ist sich selber Halt und Regel. Er braucht die alte Ordnung nicht, denn er gebiert seine eigene. Er wartet auch nicht auf göttliche Eingebungen, wie das sein Kollege des 19. Jahrhunderts vielleicht gemacht hätte. Stattdessen versteht er sich auf gewitzte Einfälle und auf das viel gerühmte Netzwerken. Nicht selten ist sein Smartphone samt Laptop sein wichtigstes künstlerisches Werkzeug.

Die Boheme von einst macht heute als Digitale Boheme von sich reden, die das Unerwartete und Noch-nicht-Verstandene bewirtschaftet und zwischen Werbung, Mode, Musik, Design und Programmentwicklung nicht mehr zu unterscheiden bereit ist. Selbst wenn es sich dabei um eine zahlenmäßig nicht sonderlich große gesellschaftliche Gruppe handelt, so geht von ihr doch eine weithin strahlende Faszination aus. Es ist die Aussicht auf eine Existenz ohne Sekundärtugenden, ohne die alten Vorstellungen von Fleiß und Pflichtbewusstsein, von Ordnungsliebe und Pünktlichkeit. Auch von einer Überwindung des entfremdeten Tuns kündet die Digitale Boheme, davon, die Trennung von Arbeit und Leben aufzuheben und fürderhin keinem mehr rechenschaftspflichtig sein zu müssen außer sich selbst. Es sind die alten Ideale des Künstlerdaseins, die in normalisierter Form das kreativwirtschaftliche Ich befeuern. Was einst als exzentrisch galt, wird nun als Wirtschaftsform der Zukunft propagiert.

So wird der Künstler der Gegenwart nicht selten für seine Art des Arbeitens bewundert, für seine Art der Ideenfindung und Kooperation. Vormals war es das Ethos des Einzelkämpfers, das die Allgemeinheit begeistern konnte und im Geniezeitalter nachgerade zwingend zum Künstler dazugehörte. Heute wird es mit einiger Neugier wahrgenommen, dass viele Ateliers eher mittelständischen Unternehmen gleichen, Kreativagenturen mit angeschlossener Werkstatt. Nicht wenige erfolgreiche Künstler verzichten darauf, noch selbst Hand anzulegen, und delegieren die Produktion ihrer Werke an spezialisierte Tischler oder Schlosser. Andere gründen eigene Betriebe, beschäftigen Mitarbeiter, die sich um Logistik, Öffentlichkeitsarbeit und Buchhaltung kümmern. So wuchs beispielsweise die Berliner Werkstatt des Künstlers Anselm Reyle in nur drei Jahren auf fast fünfzig Beschäftigte, manche auch für die Bildgestaltung zuständig. Seiner Wertschätzung bei der internationalen Sammlerklientel tat das keinen Abbruch. Die Auktionshäuser konnten seine Bilder oftmals für über 100 000 Euro verkaufen.

Ähnlich legen auch Jeff Koons, Damien Hirst oder Ólafur Elíasson, die in ihren Studios von bis zu zweihundert Assistenten unterstützt werden, keinen gesonderten Wert mehr auf die herkömmliche Vorstellung einer selbst erzeugten, von ihrer eigenen Hand geprägten Ästhetik. Sie stehen damit in einer Tradition, die weit zurückreicht in die Vormoderne, als es für bedeutende Maler selbstverständlich war, die Bilderproduktion aufzuteilen. Für die Avantgarde der sechziger Jahre des 20. Jahrhunderts war dann vor allem Andy Warhol mit seiner Factory wichtig, der für sich noch reklamieren konnte, einer utopischen Idee geteilter Produktion jenseits von Genieglauben und Originalitätswahn nachzuhängen. Diese Kritik am herrschenden Produktions- und Vermarktungssystem hat sich für die heutigen Großateliers erübrigt. Die Künstler müssen ihre eigene Rolle und den Status der Kunst nicht mehr demystifizieren. Daher betreiben ihre Manufakturen ihrerseits vor allem eine Form von Normalisierung, in ihrem Selbstverständnis den mit vielen Experten kooperierenden Büros von Designern oder Architekten oftmals zum Verwechseln ähnlich. Die Tugend der Teamfähigkeit, in den Stellenanzeigen der freien Wirtschaft allgegenwärtig, charakterisiert nun auch den erfolgreichen Künstler.

Ein anderer Leistungsbegriff setzt sich durch

Der Künstler versteht sich auf das Delegieren und Kooperieren, er weiß von sich selbst abzusehen – und entspricht damit jener Idealvorstellung, der zufolge der Einzelne erst im Kollektiv seine Individualität ganz entfalten könne. Einbettung und Differenz stehen nicht im Widerspruch zueinander. Denn weit weniger als zuvor definiert sich der Künstler über die Werke, die in seinem Namen vertrieben werden. Sie gelten nun nicht länger als ebenso genuine wie expressive Form des Selbstausdrucks. Dafür ist ein anderer Leistungsbegriff

in viele der großen Ateliers eingezogen, der durchaus jenen postbürgerlichen Ideen ähnelt, die in Wirtschaftskonzernen das Rang- und Wertesystem bestimmen, vor allem im Bereich der Finanzanlagen und des Aktienhandels. Dort begreift man sich nicht selten als Ideenmanager, und nur sehr bedingt lebt noch das protestantische Arbeitsethos fort, dem zufolge der Verdienst vorrangig von der erbrachten Leistung des Einzelnen abhängig zu sein habe. Vielmehr huldigt man dem Prinzip einer leistungslosen Leistung, da anders die gewaltigen Differenzen zwischen den niedrigsten und den höchsten Einkommen nicht zu legitimieren wären. Es gibt keine rationalen Begründungen für die zum Teil exorbitanten Summen; sie werden gezahlt, weil sie verlangt werden. Die Forderung lautet nicht: Gebt mir für das, was ich leiste. Sie lautet: Gebt mir für das, was ich bin. Auf ähnliche Weise zelebriert der Künstler, der seine Kunst nicht mehr eigenhändig hervorbringt, eine besonders eindrückliche Form von Selbstfeier. In seiner Person manifestiert sich die Souveränität eines Subjekts, das nicht länger über seine Hervorbringungen definiert ist, nicht primär über das Tun, sondern vor allem über das Sein.
Entscheidend ist am Ende der klangvolle Name des Künstlers. Er bewirtschaftet sein eigenes Image, und dieses Image legt sich über die von ihm vertriebenen Werke. So wie sich die Wahrnehmung einer Handtasche, einer Edelschokolade oder auch eines Mineralwassers verändert, je nachdem ob an ihnen der Name einer bekannten Marke oder aber kein Label haftet, so entscheidet auch für den Künstler mit seiner Manufaktur ganz wesentlich das Branding über die Rezeption. Wenngleich die klassische Signatur in der Regel ausgedient hat, müssen die Werke doch auf unsichtbare Weise signiert sein, beglaubigt nicht von der Hand des Künstlers, sondern von dem, was man die alles überwölbende Kraft der Identität nen-

nen könnte. Im Jargon der Werbewirtschaft würde man vom Markenkern sprechen.

Diese Annäherung der Wirkungs- und Wahrnehmungsstrategien von Waren- und Kunstwelt wird im Übrigen nicht allein von arbeitsteilig organisierten Großateliers vorangetrieben. Auch jene Künstler sind daran beteiligt, die sich vom herkömmlichen Werkbegriff verabschieden und nicht länger an einem klar strukturierten, auf Binnenentwicklung angelegten Œuvre interessiert sind. Mit ihrem steten Wechsel der Techniken und Ausdrucksformen erweisen sie sich einem anderen Identitätsbegriff verpflichtet, der nicht auf Eindeutigkeit festgelegt ist, sondern das Changierende und Veränderliche hervorhebt. Sie folgen durchaus dem Appell, doch bitte ganz sie selbst zu sein. Nur antworten sie darauf mit einem: Ich bin viele! Diese Strategie aber bleibt nicht ohne Konsequenzen: Je schwächer die einzelnen Ausdrucksformen verbunden sind, je weniger zudem die einzelne Kunstäußerung für sich selbst spricht, weil sie sich erst im Zusammenhang erschließt, desto wichtiger wird das Image des Künstlers. Erst dieses ermöglicht den Zusammenhang und wird zum bedeutungsstiftenden Bezugssystem. Wichtiger als Form und Gestalt wird das öffentliche Bild, das der Künstler durch sein Auftreten entwirft. Und damit rückt umso mehr jenes Ich in den Mittelpunkt, dem man treu zu sein hat.

Es gehört zu den wichtigsten Forderungen an das Individuum (und zu den zentralen Paradoxien der Gegenwart), dass der Einzelne sein Ich besonders herauszustellen habe, zugleich aber dieses Ich möglichst beweglich halten soll, um immer wieder neue Facetten daran zu entdecken und auszubilden. Auf andere Weise eigen und in dieser Eigenheit immer wieder anders zu sein, unverkennbar und doch unerkannt, diesen durchaus normativen Anspruch vermögen die Künstler mit ihrer Strategie des Multiplen und Wechselvollen einzulösen. Damit gelingt es ihnen, in einer aktualisierten Form der alten, frühmodernen Hoffnung auf das Wahrhaftige zu entsprechen. Der Künstler ist sich treu, indem er sich immer wieder untreu wird.

Bleib beweglich! – Leben im Augenblick

Die Kunst galt lange als Versprechen auf Grenzenlosigkeit. In der Kunst und vor allem mit ihr schien alles möglich, insbesondere dank der Imagination der Künstler. Heute aber wird diese Imagination, wird das Streben nach Grenzenlosigkeit als ein Grundcharakteristikum des Marktes verstanden. Letztlich ist er es, der selbst fabrikähnlich gefertigter Künstlerware eine potentiell grenzenlose Entwicklung ermöglicht. Beide, Markt und Kunst, entpuppen sich als wesensverwandt, als ebenso beweglich wie unberechenbar, offen in ihren Regeln und ihrem Fortgang. Für den Konzeptkünstler Terry Atkinson manifestiert sich diese gegenseitige Durchdringung auf vielfältige Weise, für ihn steht »der für die Unterwerfung des Industriekapitals durch das Finanzkapital charakteristische Prozess der dematerialisierenden Abstraktion auf der einen Seite und die ›Dematerialisierung‹ bestimmter künstlerischer Praktiken auf der anderen«.[14]

Nicht zufällig ist die Kunst unterdessen selbst börsentauglich geworden, Kunstfonds wurden aufgelegt, und jeder kann daran Anteile erwerben. Umgekehrt agierten viele Händler der

14 Terry Atkinson, »Vogls Kombi«, in: Museum Moderner Kunst Stiftung Ludwig Wien (Hg.), *And Materials and Money and Crisis*, Köln 2013, S. 81-87, hier S. 85.

Finanzwelt zu Beginn des 21. Jahrhunderts wie Konzeptkünstler, denen es nicht um Werte im klassischen Sinne ging, um den Wert einer realen Produktion, sondern um Ideen. Man schloss Wetten darauf ab, dass die Wetten, die andere auf die Wetten anderer abgeschlossen hatten, gewonnen oder verloren würden. Man schraubte sich hinein in eine wirklichkeitsferne Sphäre, in der nur noch Fantasien regierten, war aber fest davon überzeugt, dass sich selbst der größte Schein als bedeutungsvoll und realgültig erweisen würde.
Ähnlich begannen manche Künstler einen regen Handel mit ungedeckten Werten. Einige legten es darauf an, besonders toxische Werke in den Kunstmarkt einzuschleusen. Sie wollten ihrerseits erproben, wie weit der Schein trägt: ob nicht auch völlig hohle und banale Dinge als Kunst akzeptiert, sprich gekauft werden würden. Lange bevor von den Bad Banks die Rede war, wurde Bad Painting zu einer eigenen Stilrichtung. Und viele dieser Künstler wurden für ihren Mut zum Risiko gepriesen, dafür, dass sie ästhetische Minuszeichen in den Markt einschleusten, darauf bauend, dass sich die Nichtigkeiten in etwas Wertvolles verwandeln.

Von künstlerischer und ökonomischer Performance

Mittlerweile erachten viele die unendliche Freiheit des Marktes mit seinen Exaltiertheiten nicht länger als produktiv. Nach Kräften bemühen sich Politiker in aller Welt darum, die künstlerischen Eingebungen der Börsianer einzudämmen. Nur in der Kunst selbst ist es nie zu einer Kurskorrektur gekommen; es gibt keine Aufseher, es fehlen Regeln, anders als auf den meisten Finanzmärkten herrscht auf dem Kunstmarkt nach wie vor Intransparenz, es fehlen Ratings und zugängliche Bilanzen. Daher besitzt das Spiel mit spekulativen Kunstwerten weiterhin eine große Verlockung. In gewisser Weise ist es eines der letzten Refugien einer gänzlich freien Marktfantasie. Die Kunst will keine Verheißung mehr sein, der Handel mit ihr aber ist es geblieben. Anders als im Bankensektor ruft hier niemand offensiv nach Sammlerregulierung, Galerienverstaatlichung oder dem Ende des ästhetischen Hedgefonds-Denkens. Denn hier verwirklicht sich eines der wichtigsten Ideale der Digitalmoderne: Alles soll sich wandeln, und wenn nicht die Dinge selbst zu neuer Gestalt finden, zu einer überholten Fassung ihrer selbst, ob 2.0, 3.0 oder 4.0, dann soll zumindest der allgemeine Blick auf sie im Schwange sein. Nichts anderes tut die Börse, tut auch das Auktionshaus: Im freien Austausch der Werte ereignet sich ein Tauschhandel der Bedeutungen. Das stille Objekt gerät in Bewegung.

Eines der Lieblingswörter des Börsianers ist die Performance – und Performance ist auch eines der Lieblingswörter der gegenwärtigen Kunstwelt. Als eine Spielart der Antikunst hatte sie einst ihren Anfang genommen, gemeinsam mit Body-Art, Happening, Visual Music oder Fluxus. Sie wollte Erstarrtes verflüssigen, wollte die Routinen des Betriebs aufstören, wollte Lebendigkeit beweisen, wo die Kunst allzu saturiert wirkte. Unterdessen ist die Performance ihrerseits zum Ritual geworden, sie gehört zur Vernissage, zur Biennale, auch zur Messe dazu. Überall wandeln sich Ausstellungen in Aufführungen, werden Museen zu Bühnen, auf denen gezetert, gelacht und spielerisch das Menschsein verhandelt werden darf.

Dass sich das Wesentliche nicht festhalten lässt, dass die Wahrheit im Augenblick liegt und ja ohnehin nur lebendig ist, was wandelbar bleibt, das sind geläufige Topoi des digitalen Zeitalters – in der Performance finden sie ihre ebenso geschmeidige wie unterhaltsame Form. Sie will sich den üblichen Verwertungszwängen entziehen, will kein Produkt sein, mit dem sich handeln und spekulieren ließe. Es ist eine liquide Kunst, die mit Kameras nicht vollgültig einzufangen ist. Man soll, man muss sie mit eigenen Augen sehen, sie zelebriert das Hier und Jetzt, eine wahre, nondigitale Erfahrung. Es ist die Kunst der Präsenz. Sie setzt auf Anwesenheit und Körperlichkeit, sie erlaubt es den Besuchern, sich ihrer selbst zu vergewissern: gegenwärtig zu sein.

Manchmal geht es sehr meditativ zu, beispielsweise wenn der Künstler Anthony McCall auftritt, dessen Kunst nichts als Raum, Zeit und Licht sein möchte. Im tiefsten Dunkel erstrahlen dann klirrend helle Spots, als hätte der Leuchtstrahl eines Ufos das Museum erfasst. Die Besucher sind es, die hier zu Performern werden: Sie baden im Licht des Künstlers, versuchen es zu ergreifen, eine irreal-reale Erfahrung. Der sogenannten Erschöpfungsgesellschaft des 21. Jahrhunderts gefällt diese Art von Lebendigkeitsästhetik. Sie mag die Besinnung ebenso wie das Ereignishafte. Sie genießt es, wenn sich die alte Konfrontation – hier das Bild, dort der Betrachter – auflöst. Die Vereinzelung weicht nicht selten einer Kollektiverfahrung, einem Miteinander auf Zeit. Wo sonst in den Museen ein jeder Besucher für sich vor den Gemälden und Skulpturen steht und die ästhetische Erfahrung in der Regel das auf sich gestellte Individuum meint, legt es die Performance auf etwas Allumfassendes an. Sie verbindet den Raum, das Gezeigte, das Publikum.

So hat diese Kunstform, die ursprünglich als Disruption gemeint war, als Bruch mit dem Gewohnten, in vielen Fällen einen harmonisierenden Charakter angenommen: Es zählt das Dabeisein, eine geteilte, eingemeindende Erfahrung. Was einst als Störung konzipiert war, wird nun als willkommene Abwechslung empfunden.

Die Performance Art kann auf eine erstaunliche Erfolgsgeschichte zurückblicken, sie hat sehr unterschiedliche Spiel- und Spannungsformen entwickelt und mit Marina Abramović oder Tino Sehgal einige der populärsten Künstler der Gegenwart aufzuweisen. Doch ganz gleich, ob eine Performance ekstatisch, sanftmütig oder spielerisch gestimmt ist, ob sie das Irrationale bestärkt oder auf vernunftbetonte Dialoge abzielt, stets bemüht sie sich, die Betrachter aus ihrer gewohnten Rezeptionshaltung herauszureißen. Das Museum habe, so eine verbreitete Annahme, ein konsumbestimmtes Verhältnis zu Gemälden und Skulpturen begünstigt und damit den Besuchern eine passive Rolle verordnet. Daher müsse sich Performance vor allem der Neubelebung widmen: Die starren Formen der Kunst löst sie auf in etwas Atmosphärisches, dem Dauerhaften setzt sie das Ereignishafte entgegen und sie möchte aus dem passiven Betrachter einen aktiven Teilnehmer machen. Atmosphäre, Ereignis und Interaktion können je nach Performance unterschiedlich gewichtet sein, alle drei Aspekte aber treiben auf ihre Weise die Normalisierung der Kunst voran.

Kunst als ein Teil der Erlebnisökonomie

Vor allem das Atmosphärische, das jenseits einer rein kognitiven Reflexion auf ein leibliches Verstehen angelegt ist, auf Emotion und Erregungsintensität, erfreut sich nicht nur in der Kunsttheorie erstaunlicher Beliebtheit. Was etwa von Gernot Böhme als Schlüsselbegriff einer neuen Ästhetik diskutiert wurde, verbreitete sich rasch auch in der Werbe- und Vermarktungsbranche, weil das nackte Produkt, nur durch seinen Gebrauchswert definiert, längst als geradezu unverkäuflich gilt. So heißt es von einer Sportschuhmarke wie Nike, sie »verkauft keine Schuhe, sondern Träume, Sichtweisen, Gedanken«.[15] Ob Automobil, Computer oder Haarwaschmittel, so gut wie alle Waren werden heute mit Fiktionswerten ausgestattet, ihnen wird eine Geschichte mitgegeben und es zählt zu den Grundregeln der Vermarkter, dass der Ort des Handels, auch wenn es um einen schlichten Supermarkt geht, unbedingt einer verkaufsfördernden Atmosphäre bedarf. Ob bewusst oder unbewusst, arbeiten viele Künstler dieser Affektökonomie zu, wenn es ihnen ihrerseits auf die Gestimmtheit eines Raumes, auf Aura und Erregung ankommt.

Noch stärker erweist sich die Ereignishaftigkeit der Performance Art als ein seelenverwandter Teil der Waren- und Konsumwelt. Weil Biennalen und Museen mittlerweile auf dem Markt der Aufmerksamkeit mit anderen mächtigen Anbietern konkurrieren, sind ihnen Events jeder Art sehr wichtig, auch jene, die ihnen von Performance-Künstlern ermöglicht werden. So wie jedes größere Einkaufszentrum nicht mehr darauf verzichten kann, sich mit Ausstellungen, Konzerten, Mitmachaktionen hervorzuheben, weil der Einkauf selbst eben nicht mehr das Entscheidende ist, so will auch die Kunst auf besondere Weise belebt, von Ereignissen der Performance bereichert werden. Sie ist ein Teil dessen, was Joseph Pine und James Gilmore 1999 als »Erlebnisökonomie« beschrieben.[16] Wer also das Betrachten von Bildern und Skulpturen, die eher kontemplative Form des Museumsbesuchs als konsumge-

15 Holger Jung und Jean-Remy von Matt, *Momentum. Die Kraft, die Werbung heute braucht*, Berlin 2002, S. 184.

16 Joseph Pine und James Gilmore, *The Experience Economy*, Boston 1999.

prägt kritisiert, wird sich fragen müssen, ob nicht die aktivistischen Interventionen auf ihre Weise ebenfalls eine konsumgeprägte Kultur befördern.

Ähnliches lässt sich über das oft beschworene Ideal der Teilhabe sagen. Das Publikum soll nicht nur schauen, es soll auch partizipieren. Denn dieses Publikum, so die zugrunde liegende Prämisse, sei in der Regel abgestumpft, teilnahmslos und neige zum Konformismus der Masse. In der Digitalmoderne ist für die Zeitgenossen nur in den seltensten Fällen noch eine zurückgelehnte Haltung vorgesehen; beständig wird von ihnen erwartet, dass sie bewertend, mitgestaltend, eingreifend auf Dinge und Prozesse einwirken. Kurzerhand wird der Kon- zum Prosumer erklärt, die Rede ist von einer »user-led content creation« und kollaborativen Prozessen. Insbesondere die Mitglieder des konsumgesättigten Milieus der Postmaterialisten, die dem sogenannten Lifestyle of Health and Sustainability anhängen und sich in der Regel durchaus kunstbegeistert geben, legen größten Wert aufs Selbermachen, auf Anteilnahme und gemeinschaftlich bestimmten Konsum. Daher ist für sie jede Form von interaktiver, prozessoffener Ästhetik eine natürliche Verlängerung ihrer Alltagswelt. Und die Performance, weil sie zugleich stimmungsvoll, eventhaft und aktivierend zu sein vermag, entspricht einigen ihrer zentralen Vorstellungen eines gelingenden Lebens.

In den sechziger Jahren, als diese Kunstform erstmals an Einfluss gewann, konnte Performance vor allem deshalb als widerständige Kraft wahrgenommen werden, weil sie damals auf eine Gesellschaft traf, die stärker von Konventionen, von Hierarchiedenken und Pflichtbewusstsein geprägt war. Doch diese Leitwerte haben sich gewandelt, wie etwa Luc Boltanski und Ève Chiapello dargestellt haben. Sie konstatierten 1999, dass »der Kapitalismus im Laufe der letzten dreißig Jahre zu weiten Teilen seinen Geist verändert hat«.[17] Neue Leitbilder seien in die Arbeitswelt eingezogen, nun würde größter Wert auf Spontaneität, Mobilität, Kreativität und Plurikompetenz gelegt, Eigenschaften, ohne die ökonomischer Erfolg nicht zu erzielen sei. Verkörpert werden sie vor allem von Künstlern, die als Unternehmer ihrer selbst im Ruf stehen, besonders freiheitlich gesinnt und risikobereit zu sein. Sie werden zum Vorbild einer postfordistischen Ökonomie erkoren, in doppelter Hinsicht: weil die Warenwelt sich einerseits in ihrem Sinne ästhetisiert und andererseits der Produktionsprozess kunsthafter gestaltet werden soll, selbstbestimmter, ungesicherter, flexibler.

Wie Künstler den Kapitalismus durch Kritik bestärken

Neben der Sozialkritik sei es denn, so Boltanski und Chiapello, vor allem die Künstlerkritik gewesen, die den Geist des Kapitalismus auf neue Bahnen gelenkt habe, weil sie Entfremdung und Inauthentizität angekreidet und die Entzauberung einer durchökonomisierten Welt beklagt hatten. Der Kapitalismus habe sich viele Vorschläge für eine andere Ökonomie zu eigen gemacht. Vor allem aber profitiere er von Rechtfertigungsmustern, die von der Kunst bereitgestellt werden: Damit er den nötigen gesellschaftlichen Rückhalt finde, müsse er »attraktive und aufregende Lebensperspektiven« bieten, vor allem aber dem Einzelnen »sittliche Gründe für das eigene

17 Luc Boltanski und Ève Chiapello, *Der neue Geist des Kapitalismus*, Konstanz 2003, S. 142.

Tun«.[18] Die Menschen benötigten »überzeugende moralische Gründe, um sich dem Kapitalismus anzuschließen« – und es seien just die Künstler mit ihrer Verheißung eines nonkonformen, nicht entfremdeten Lebens, die ihnen diese Gründe lieferten.[19]

So gesehen würde in der Kunst vor allem die überlegene Fähigkeit des Kapitalismus zum Ausdruck kommen, sich selbst anzupassen und neue Legitimationsnarrative zu entwickeln. Ausgerechnet der digitalmodernen Ökonomie wäre es gelungen, den alten Traum der linken Avantgarde zu instrumentalisieren und zumindest vordergründig Ästhetik und Gesellschaft zu verschmelzen. Wollten Dada, Surrealismus oder Fluxus die Verhältnisse zum Kippen bringen und das herrschende System unterwandern, so hat sich das System nun selbst unterwandert, die Verhältnisse haben sich selbst destabilisiert und Veränderung, Wandel, Bewegung, die viele Künstler so dringend forderten, gelten als überlebensnotwendig in volks- wie in betriebswirtschaftlicher Hinsicht. Dort, wo noch so etwas wie künstlerische Subversion an den Tag tritt, wird sie wie eine kostbare Ressource von Konzernstrategen nutzbar gemacht. Sie legen sich nicht nur eigene Kunstsammlungen zu, sondern imitieren zudem die Künstlerstrategien des Intervenierens und Camouflierens. Ganz im Stil einer Off-Galerie betreibt etwa ein Unternehmen wie Red Bull eigene Musik- und Kunsträumlichkeiten und geriert sich als Förderer des Radikalen und Randständigen, semilegale Graffiti-Aktionen inklusive.

Hatte man einst geglaubt, das kapitalistische Wirtschaften würde einer uniformierten Gesellschaft zuarbeiten und das

18 Ebd., S. 64.
19 Ebd., S. 45.

Subjekt in vorgegebene Rollenmuster pressen, so ist heute die Unterscheidbarkeit das wichtigste Kriterium jedes Produktentwicklers und vor allem das Moment der Grenzüberschreitung und Regelverletzung ist zu einem zentralen Vermarktungsfaktor vor allem von Lifestyleprodukten geworden, die gewaltige Umsätze erzielen. Selbst die Stadtentwicklung hat den Wert des Widerständigen und Subversiven für sich entdeckt. So war die HafenCity Hamburg GmbH geradezu dankbar für all jene Künstler, die sich 2009 zu einer großen alternativen Kunstveranstaltung namens subvision. kunst. festival. off. auf dem Strandkai der Hansestadt versammelten. Diese mussten sich den öffentlichen Raum keineswegs erobern, sie waren eingeladen und wurden gefördert, denn nur zu gut passte die temporäre, ereignisgetriebene Kunst ins Eventkonzept der Stadtvermarkter, um das damals noch weithin brachliegende Quartier zu bespielen und die Weltoffenheit Hamburgs zu demonstrieren. Widerständigkeit erwies sich als symbolpolitisch kostbares Gut.

Ein großer Kolonialisierungsprozess macht sich noch die letzten Gesten der Abweichung zu eigen und normalisiert sie damit. Der Kulturkapitalismus hat aus so ziemlich jeder Form der Rebellion ein konsumfähiges Produkt gemacht. Subkulturen sind nicht länger ein Gegenbild der Mehrheitskultur. Und so bleibt es nicht aus, dass manche Kunstaktionen geradezu als Verdoppelung der nichtkunsthaften Wirklichkeit wahrgenommen werden. Während eine Künstlergruppe namens N55 aus Kopenhagen die Menschen dazu bewegen möchte, mit selbst gebastelten Konstruktionen den Stadtraum für sich zurückzuerobern, ist diese Rückeroberung in vielen Städten längst zu beobachten und selbstverständlich benutzen Menschen künstlerische Mittel, um mit Street-Art, Flashmobs oder Guerilla Knitting den öffentlichen Raum für ihre Interessen einzunehmen.[20] So weit hat sich die Kunst mittlerweile normalisiert, so oft hat sich auch die Normalität der Kunst bedient, dass dank dieser doppelläufigen Bewegung die Grenzen kaum mehr zu erkennen sind.

Umgekehrt wird auch die Realität gelegentlich mit einer künstlerischen Aktion verwechselt. Als 2002 eine junge Frau in Berlin vom Künstlerhaus Tacheles in den Tod sprang, hielten Passanten ihren Selbstmord für »eine Performance oder eine Installation«, betrachteten neugierig die Leiche und machten Fotos.[21] Alles kann Kunst und die Kunst kann alles sein – mit dieser ontologischen Ungesichertheit des Wirklichen hat sich die Gegenwart offenkundig arrangiert.

Welche Perspektiven eröffnet normalisierte Kunst?

Was aber bedeutet es für die Kunst, wenn sie so viele Projektionen auf sich zieht? Wenn sich das gesellschaftliche Wertesystem im Wertesystem der Künstler spiegelt? Die Ästhetik in ihren diversen Spielformen dient der Gegenwart dazu, sich ihrer normativen Ideale zu vergewissern und ihre Zwänge als Formen der Freiheit zu verklären. Insbesondere die Figur des Künstlers vermag Hoffnungen und Sehnsüchte zu verkörpern und avanciert zum Leitbild eines pluralen, abwechslungsreichen, selbstbestimmten Lebens. Zum Phänomen der

20 Siehe auch Hanno Rauterberg, *Wir sind die Stadt! Urbanes Leben in der Digitalmoderne*, Berlin 2013.

21 Jörn Hasselmann, »Tacheles: Passanten hielten Selbstmord für Kunstaktion«, in: *Der Tagesspiegel* (04.12.2002), online verfügbar unter: {http://www.tagesspiegel.de/berlin/tacheles-passanten-hielten-selbstmord-fuer-kunstaktion/369436.html}.

Schwellenzeit gehört es, dass die kunstgeprägte Gesellschaft auch in der normalisierten Kunst oft noch jene Werte der Abweichung und Unverwechselbarkeit zu identifizieren meint, die der Künstler längst ausrangiert hat oder die ihm im Prozess der Normalisierung wider Willen abhandenkamen. Die durchaus perfide Dialektik der Gegenwartskunst will es, dass diese jene Autonomie überwindet, die sie erst zu etwas Begehrenswertem macht – und dass sie umgekehrt jene Normalisierung befördert, der sie zu entkommen sucht.
Daher birgt die neue Nahbeziehung von Kunst und Gesellschaft erhebliche Gefahren, etwa die, dass die Kunst sich selbst gleichgültig wird, weil ihre Ideale der Differenz, der Kritik, der Pluralität zu allgemein akzeptierten Grundwerten geworden sind, die selbst große Konzerne für sich propagieren; der Künstler in seinem herkömmlichen Selbstverständnis könnte geradezu als überflüssig erscheinen. Dagegen allerdings spricht das unvermindert wachsende Interesse, das Künstlern und Kunst zuteilwird. Gerade aus diesem Interesse könnte sich, ginge denn die Schwellenzeit ihrem Ende entgegen, womöglich eine verheißungsvolle Perspektive entwickeln. Denn wie gezeigt, verdanken sich Neugier und Wohlwollen nicht allein den Spektakel- und Spekulationswerten der Kunst. In ihr verdichten sich weiterhin auch andere Wertvorstellungen, und wenn es manchen Künstlern auch unheimlich sein mag, dass diese Vorstellungen erstaunlich kompatibel sind mit denen einer neoliberalen Werteordnung, so müssten sie sich damit nicht unbedingt begnügen.
Sie könnten auch halb verwundert, halb beglückt auf die vergangenen Jahrzehnte zurückblicken. Ganz gleich, ob die Kunst eher als Initiator, als Katalysator oder auch nur als Illustration eines Wertewandels fungierte, lässt sich doch festhalten: Dass sie erstens ein Begehren auslöst, sie wird ge-

braucht. Dass sich zweitens ihr formaler Ausdruck nicht als so beliebig darstellt, wie oft getan wird, denn ihre Formen ziehen – ob bewusst oder unbewusst – normative Zuschreibungen auf sich. Und daraus lässt sich drittens folgern, dass Künstler und Kunstbetrieb viel offensiver darüber diskutieren müssen, ob und inwieweit sie diesen Zuschreibungen folgen, welchem Begehren sie entsprechen, welchen Vorstellungen des guten Lebens sie Raum geben möchten.

III. Unfreiheit und Unmoral
Der Künstler ist wieder Auftragnehmer und die Macht macht, was sie will

Die Geschichte der Auftragskunst ist auch eine Geschichte der Macht. Erst Aufträge waren es, die aus dem Künstler, im Mittelalter noch schlichter Handwerker, ein angesehenes, einflussreiches Mitglied der höfischen Gesellschaft machten. Erst in der engen Bindung an ein Herrscherhaus konnte seine Kunst bedeutsam und prägend werden. Nicht nur umsorgten die Herrscher ihre Künstler, zahlten ihnen Lohn und Unterkunft, kamen für Reisen und Ausbildung auf. Oft sahen sie in ihnen auch die Impresarios der Macht, gestaltende Imageberater, die Triumphzüge zu staffieren halfen, Bühnenbilder entwarfen, die Dekoration der Paläste übernahmen und überhaupt für die symbolische Ausstattung des Machtapparats zuständig sein sollten.[1]

Doch waren sie in dieser Bindung, die ihnen materielle Sicherheit gewährte, in der Regel nicht als unterwürfige Erfüllungsgehilfen gefragt. Der gute Herrscher interessierte sich für ästhetische Souveränität, und diese konnte ihm nur ein konkurrenzbewusster, ein wagemutiger Künstler bieten, der sich nicht mit den üblichen Formeln der Repräsentation begnügte, sondern den Kanon zu variieren und zu erweitern verstand. Man muss sich den höfischen Auftragskünstler als unfrei und frei zugleich vorstellen. Unfrei, weil er eingebunden war

1 Martin Warnke, *Hofkünstler. Zur Vorgeschichte des modernen Künstlers*, Köln 1985, S. 280f.

in ein dichtes Geflecht herrschaftlicher Interessen. Frei, weil er sich aus den Verpflichtungen der städtischen Zünfte gelöst hatte, sich um Geldfragen nicht zu kümmern brauchte und sich ihm im Wechselspiel von Fremd- und Selbstwollen unverkennbare Freiräume auftaten. In diesen konnte eine Kunst entstehen, ob von Andrea Mantegna, Leonardo da Vinci oder Diego Velásquez, die noch heute allgemein bewundert wird. Es ist die Kunst von Angestellten, interessengeleitet, außenbestimmt und doch durchdrungen von ästhetischem Eigensinn.

In gewisser Weise hielt sich diese Tradition auch nach dem Beginn der Moderne, als die Künstler zwar allgemein einen Status als Unabhängige genossen, ja als sogenannte Künstlerfürsten selbst an die Stelle der Herrscher im Reich der Ästhetik traten, und doch von Förderern und Mäzenen unterstützt wurden.[2] Erst die Avantgarden inszenierten sich als derart unbändig und ungebunden, dass die Autonomie zu einem Kernwert der Kunst aufsteigen konnte. Einen Künstler einzustellen, ihn auf ein Sujet zu verpflichten, ihn in seiner Selbstbestimmtheit einzuschränken, galt forthin als unstatthaft, als ein Verstoß gegen das Freiheitsgebot. Die Museen waren gehalten, die Entwicklung der Kunst zu dokumentieren, sie aber nicht mit möglichen Aufträgen mitzugestalten. Und so begriffen sich auch die Unternehmen, die im 20. Jahrhundert mit dem Sammeln begannen, zunächst als neutrale Instanz, welche die Künstler nicht mit eigenen Interessen konfrontieren sollte. Im Gegenteil: Der Kunst ihre Freiheit zu lassen und noch unverständlichste Äußerungen in den

2 Emmanuel Mir, *Kunst Unternehmen Kunst. Die Funktion der Kunst in der postfordistischen Arbeitswelt*, Bielefeld 2014, S. 38.

Mittelpunkt des Interesses zu rücken war Ausdruck unternehmerischer Liberalität und Weltgewandtheit.[3]
Allerdings gab es immer wieder Ausnahmen, etwa als Giorgio de Chirico in den fünfziger Jahren ein Werbeplakat für Fiat malte oder Salvador Dalí für die Modeschöpferin Elsa Schiaparelli einige Entwürfe lieferte. Auch konnte ein Hersteller von Verpackungsmaterial, die Container Corporation of America, Künstler wie Henry Moore oder Willem de Kooning für seine Werbekampagne engagieren, um seine Firma bekannt zu machen und mit einer ungewöhnlichen Reputation auszustatten. Weit stärker verbreitete sich hingegen das staatliche Auftragswesen, und die Künstler stellten sich bereitwillig der Konkurrenz, wenn es darum ging, sich für die Ausstattung eines neuen Behördengebäudes oder eines Marktplatzes zu bewerben. Solange es die öffentliche Hand war, die zahlte, solange Fachleute darüber befanden, welcher Künstler sich am besten für die Ausschmückung etwa eines Innenhofs im Berliner Reichstagsgebäude eignen würde, so lange wurden keine Einwände erhoben, und selbst der sonst strikt auf seine Autonomie pochende Hans Haacke ließ sich für ein Auftragswerk gewinnen. So konnte die Kunst in der Demokratie sogar erneut zum Herrschersymbol, ja zur Staatskunst aufsteigen, sie schmückt Kanzlerbüros und die Sitzungssäle des Parlaments. Sie verkörpert die Macht, weil sie für die Macht der Freiheit einzustehen vermag. Sie ist nicht

3 Der Kunstwissenschaftler Wolfgang Ullrich schreibt über die Rolle der Kunst als Statussymbol: »Daß sie hermeneutische Ausdauer verlangt und von einer Mehrheit als spröde, anstrengend und unsinnlich empfunden wird, kommt ihr dabei nochmals zugute: Immerhin braucht, wer damit repräsentiert, trotz der hohen Preise nicht zu befürchten, unter Luxusverdacht zu geraten« (Wolfgang Ullrich, *Mit dem Rücken zur Kunst. Die neuen Statussymbole der Macht*, Berlin 2000, S. 61).

nur Dekor, sondern Inbild der Selbstbestimmtheit, und es wird nicht als widersprüchlich empfunden, dass sich dieses Inbild einem fremdbestimmten Auftrag verdankt.

Wenn Kuratoren und Galeristen Kunst bestellen

Im Zeichen der Postautonomie konnte sich die einst asketische Grundeinstellung der Avantgarde weiter aufweichen. Wenngleich der Künstler von vielen nach wie vor als unbeugsamer Geist beschrieben wird, hat sich doch die Auftragslage grundlegend gewandelt. Von der Normalisierung profitierend und diese zugleich vorantreibend, erweist sich das Bestellen von Kunst, das Mitreden bei einzelnen Projekten, mithin die gemeinsame Teilhabe von Künstler und Auftraggeber als überaus verbreitet.[4] Insbesondere die großen Sammler, auch die Museen, vor allem aber das stark angewachsene Ausstellungswesen der Biennalen wollen sich nicht länger mit dem zufriedengeben, was der Künstler in aller Stille vollbracht hat. »Noch in den achtziger Jahren wurden neunzig Prozent der Kunstwerke als quasi fertige Objekte übernommen«, schätzt der Kurator vieler Biennalen, Hans Ulrich Obrist. »Heute sind es nur noch zehn Prozent, die wir fertig

4 Einige Fachautoren kommen sogar zu der Einschätzung, die Auftragskunst »spiele eine zentralere Rolle in der Kunstwelt als jemals zuvor« (Louisa Buck und Daniel McClean, *Commissioning Contemporary Art. A Handbook for Curators, Collectors and Artists*, London 2012, S. 14). Auch Wolfgang Ullrich meint, vor allem »Bildhauer, Installations- und Medienkünstler oder Performance Artists« seien unterdessen »überwiegend reagierend tätig«: »Sie sind, ebenso schleichend wie umfassend, wieder zu Auftragskünstlern geworden« (Wolfgang Ullrich, »Ästhetikkolumne. Die unschuldige Hand«, in: *Merkur*, Heft 1/2010, S. 49-53, hier S. 49).

übernehmen – der Rest wird eigens angefertigt.«[5] Viele der neuen Auftraggeber sind am Austausch interessiert, sie wünschen sich eigens auf ihre Bedürfnisse abgestimmte Werke. Im Jargon des Einzel- und Luxushandels nennt man das Custommade. Die wenigsten Künstler finden etwas dabei, sich auf diese Art von freier Unfreiheit einzulassen.

Manche fühlen sich gar geehrt, wenn sie einen Kunstauftrag erteilt bekommen. So etwa der britische Künstler Mark Wallinger, der nach seinem Wechsel zur Galerie Hauser & Wirth 2014 deren Messestand auf der Frieze in London gestalten und kuratieren durfte. Galt es lange für Künstler als eher unschicklich, sich überhaupt auf einer Messe blicken zu lassen – der Anschein der eigenen Unkäuflichkeit sollte gewahrt bleiben –, so verwandelte Wallinger kurzerhand den Ort der Rendite in ein Kunstwerk, in eine von Anspielungen auf Sigmund Freud getragene Installation. Dass er sich mit dieser freigiebigen Art, das Markttreiben zu nobilitieren, möglicherweise in einen Widerspruch zu seinem bisherigen Kunstschaffen begibt und damit sein Ruf, er beschäftige sich vor allem mit Fragen »der persönlichen und nationalen Identität, mit Geschichte und Glaubenssystemen«,[6] gefährdet sein könnte, kam Wallinger und seiner Galerie offenkundig nicht in den Sinn. Im neuen Auftragswesen schließen sich Marktinteressen und politische Gesinnung nicht länger aus.

Unter dem Begriff der Art Fair Art versammeln sich unterdessen zahlreiche Künstler, die mit den Usancen des Messe-

5 Hanno Rauterberg, »Den Künstler schütteln«, in: *Die Zeit* (16.04.1998), online verfügbar unter: {www.zeit.de/1998/17/Den_Kuenstler_schuetteln/}.

6 Siehe den Text zu der Ausstellung »State Britain« von Mark Wallinger auf der Website des Tate Britain unter: {http://www.tate.org.uk/whats-on/tate-britain/exhibition/mark-wallinger-state-britain}.

wesens spielen oder einfach die Aufmerksamkeit auf den Stand ihrer Galerie leiten wollen. Dafür eignen sich vor allem radikal wirkende Gesten, so dass die Wände einer Koje durchlöchert oder abgerissen werden oder performanceartige Einlagen die übliche Routine durchbrechen. Besonders weit trieb es der Künstler Rirkrit Tiravanija 2005 auf der Art Basel, als er den Stand seiner Galerie zumauerte und mit einem marxistischen Kampfslogan versah: »Ne travaillez jamais.« Die Galeristen ließen sich tatsächlich nicht blicken, man sprach aber umso eifriger über sie und die von ihnen vertretene Kunst. Mittelfristig rentierte sich die Strategie: Aus Verweigerung wurde eine schöne Form der Geschäftemacherei. Aus Auftragskunst zu Werbezwecken erwuchsen Kunstverkäufe.

Natürlich sind die Motive und Vorgaben der Auftraggeber sehr unterschiedlich. Den Kuratoren einer Biennale oder Documenta geht es in erster Linie darum, die Singularität ihrer Ausstellung herauszustreichen, weil die dort gezeigten Werke nirgendwo zuvor gezeigt oder von einem Sammler erworben wurden. Gelingt es, möglichst viele Künstler zu einem Auftragswerk zu bewegen, gilt eine Biennale allgemein als aufwändig und beachtenswert. Zudem bietet die sogenannte ortsspezifische Kunst den Vorteil, dass sie keinen beliebigen, in irgendeiner Weise standardisierten Eindruck macht, vielmehr wurde sie zweckgebunden produziert, also abgestimmt auf die inhaltlichen Interessen des Kurators, dessen Anliegen oder zumindest Hinweisen folgend. Einige der einflussreichsten Ausstellungsmacher, beispielsweise der schon erwähnte Hans Ulrich Obrist, haben unterdessen einen festen Stamm an Künstlern um sich geschart, die sie für die unterschiedlichsten Aufträge einsetzen und die sehr genau die Vorlieben und Abneigungen des Kurators kennen. So wie Maler oder Bildhauer einst zu den *familiarii* eines Renaissance-Herrschers gehörten, sind heute manche Gegenwartskünstler den Ausstellungsmachern verbunden, die nicht selten mit einiger Eifersucht darüber wachen, dass ihre Künstler nicht allzu oft fremdgehen oder gar ihre besten Projekte im Auftrag anderer Kuratoren realisieren.

Warum Unternehmen die Künstler fördern

Von anderer Natur sind die Abhängigkeitsverhältnisse, wenn ein Unternehmen den Auftrag vergibt. Dann geht es in vielen Fällen deutlich offener um das Bedürfnis nach Repräsentation, zumal wenn ein Gemälde für die Lobby oder ein Wandfries für die Mitarbeiterkantine bestellt werden. Als Gerhard Richter 1986 zwei abstrakte Riesenformate für die Eingangshalle der Victoria Versicherung in Düsseldorf anfertigte und sie *Victoria I* und *Victoria II* nannte, überwog in vielen Konzernen das Bedürfnis, sich mit Kunst und ebenso mit dem großen Namen des Künstlers zu schmücken.

Je breiter allerdings die Sammlungen im Laufe der Jahre wurden, je mehr sie sich abkoppelten von den Vorlieben der Vorstandsetage, desto stärker trat die Idee des Corporate Collecting in den Vordergrund. Mindestens so sehr wie die Außen- zählte nun die Innenwirkung. Seither versteht sich so manches Unternehmen durchaus auch als Koproduzent und Mitgestalter und will sich in gewisser Weise selbst als Kreativer oder gar als Künstler fühlen oder doch den entsprechenden Anschein erwecken.[7] Die Kunst soll nicht unbedingt

7 »Indem es diese proaktive Rolle erfüllt, intensiviert es den Image- und Wertetransfer von der künstlerischen in die wirtschaftliche Sphäre und eignet sich so die stereotypischen Merkmale der Kreativität, Originalität

schmücken, gefragt ist viel eher ihre verwandelnde Kraft, und vor allem von Auftragswerken erhofft man sich einen besonders intensiven Krafttransfer.
Die meisten Corporate Collectors sehen den Künstler als eine Art Klimawandler, er soll die üblichen Denkmuster durchkreuzen, soll für Verwunderung sorgen, für Erheiterung, im besten Falle für eine Neubesinnung. Nicht selten kommt ihm die Rolle eines Change Managers zu.

> »Ein Unternehmen in Schweden entschied während der vielen anstehenden Projekte und Veränderungen in der Organisation eine Künstlerin einzuladen, um den Mitarbeitern zu helfen, diese Prozesse und ihre Rollen darin besser zu verstehen. [...] In diesem schwedischen Projekt hat die Künstlerin in der Organisation keine Kunst gemacht, sie hat in der Interaktion mit den Mitarbeitern Möglichkeiten angeboten bzw. eröffnet, sich selbst und die eigene Arbeit neu denken zu können«.[8]

Der Glaube daran, dass dem Künstler außergewöhnliche Fähigkeiten zu Gebote stünden, dass er erfindungsreich, freidenkerisch, risikofreudig und also in hohem Maße unternehmerisch gesinnt sei, dass er über Tugenden verfüge, die nach Möglichkeit abstrahlen sollten, dieser Glaube ist in vielen Firmen erstaunlich verbreitet. Zumindest bemühen die jeweiligen Leiter der Kulturprogramme gerne eine Rhetorik des Heils und sprechen der Kunst eine verändernde, läuternde Macht zu.[9] Dass sich diese Wirkungen in einem günstigeren

und Schöpfungskraft an, die üblicherweise in Verbindung mit der künstlerischen Produktion gebracht werden« – zu diesem Ergebnis kommt Mir, *Kunst Unternehmen Kunst*, S. 147.

8 Ebd.

9 So sagte Michael Roßnagel in seiner Funktion als Leiter des Siemens Kulturprogramms: »Vielleicht ist es auch unserem Kulturprogramm zu verdanken, dass sich das Unternehmen umstrukturiert, es moderner wird und auch mehr Patente anmeldet als noch vor einigen Jahren« (zit. nach ebd., S. 156).

Arbeitsumfeld und letztlich in einer höheren Rendite niederschlagen mögen, darauf bauen viele der Unternehmensleiter. »Die *policy-maker* und Manager wollen genau wissen, warum und wieso sie investieren sollen, und ob sich diese Investition lohnt – sie wollen Antworten und Sicherheiten, quantitative Beweise, zum Beispiel die Reduktion des Krankenstandes«, so beschreibt Ariane Berthoin Antal, Professorin am Wissenschaftszentrum Berlin für Sozialforschung, ihre Erkenntnisse zu künstlerischen Interventionen in Betrieben.[10] In aller Regel werden die Künstler also nicht dafür eingesetzt, die jeweiligen Produkte eines Unternehmens ästhetisch zu nobilitieren. Sie werden nicht als die besseren, weil gänzlich unbeschwerten Designer angesehen. Ebenso wenig sollen sie auf vordergründige Weise das Marketing unterstützen.

Allerdings gibt es auch weiterhin Konzerne, die einer eher traditionellen Vorstellung des Kosten-Nutzen-Denkens verpflichtet sind. Sie erwarten von der Kunst vor allem Wertsteigerung im materiellen Sinne und scheuen sich nicht, einzelne Werke gewinnbringend abzustoßen, wenn die rechte Zeit dafür gekommen ist; so trennte sich etwa 2010 die Commerzbank von einer Giacometti-Plastik (Erlös: rund 75 Millionen Euro) und nahm die negative Presse duldsam hin. Andere Unternehmen zielen nach wie vor auf eine kunstästhetische Produktveredelung, der Autohersteller BMW beispielsweise, der namhafte Künstler wie Robert Rauschenberg, Andy Warhol oder David Hockney dafür gewann, die Karosserie eines ihrer Fahrzeuge zu bemalen. Einige davon waren auch

10 »Interview mit Ariane Berthoin Antal«, online verfügbar unter: {http://www.academia.edu/1398089/Interview_of_Ariane_Berthoin_Antal_by_the_artist_Armin_Chodzinski_2011}.

in der Werbung zu sehen, um den kulturellen Anspruch des Unternehmens publik zu machen; andere werden in öffentlichen Museen ausgestellt, um umgekehrt die Alltagsnähe und Aufgeschlossenheit der Künstler zu demonstrieren. Einige der sogenannten Rolling Sculptures durften sogar an Autorennen teilnehmen und konnten lautstark unter Beweis stellen, wie gut es ihnen gelingt, in der Welt und zugleich nicht von dieser Welt zu sein. Das erinnert durchaus an die Strategien des wichtigsten Auftraggebers der Kunstgeschichte, an die Kirche.

Die Kirche entdeckt die Macht der Künste wieder

Auch sie konnte – nachdem viele Künstler sich lange distanziert gehalten hatten – verstärkt seit der Jahrhundertwende durch große Projekte von sich reden machen, indem sie Maler wie Neo Rauch oder Gerhard Richter für ihre Zwecke engagierte. Insbesondere die transzendierende Macht des Geldes, die sich auf Auktionen immer dann offenbart, wenn ein einzelnes Werk schier unfassliche, alle irdischen Maßstäbe übersteigende Preise erzielt, die allein als eine Glaubenssache noch zu erklären sind, vermochte auch manche Kirchenmänner zu begeistern. Selbst abstrakte Werke, die bislang als eher ungeeignet galten, um die erhoffte Botschaft vermitteln zu können, fanden nun allgemeine Akzeptanz. Je populärer und profanierter die Gegenwartskunst wird, je stärker sie sich normalisiert, desto begehrter wird sie paradoxerweise auch in kirchlichen Kreisen – als eine Möglichkeit, mit durchaus weltlichen Mitteln für die eigenen Anliegen zu werben.

Die Künstler machen es ihnen leicht, legen sie es doch meistens nicht auf Provokation und vordergründige Störung an, sondern fügen sich – wenn auch oft auf recht indifferente Weise – ins vorgegebene Programm. Sogar den Papst in klassischer Manier zu porträtieren ist unterdessen kein Tabubruch mehr; im Jahr 2009 wurde der Maler Michael Triegel vom Bistum Regensburg mit einem Bildnis von Papst Benedikt XVI. beauftragt und sein Werk wurde sehr ernsthaft rezipiert. Ähnlich erregte sich auch in einem anderen Fall weder die Öffentlichkeit noch die breitere Fachwelt, vielmehr war es bezeichnenderweise eine Kuratorin, die Kritik äußerte – es wurde daraus ein Zwist der Auftraggeber.

2012 hatte der Bildhauer Stephan Balkenhol eine Holzskulptur mit ausgestreckten Armen in den Turm der St.-Elisabeth-Kirche in Kassel gestellt, just in jenem Sommer, als in Sichtweite der Kirche die Documenta 13 abgehalten wurde. Offensichtlich empfand deren Leiterin Carolyn Christov-Bakargiev die Skulptur als Angriff auf ihre Ausstellung, die sich stolz damit brüstete, dass zahlreiche Exponate sich dem Auftrag der Documenta verdankten und durch diese produziert worden waren. »Die künstlerische Leiterin fühlt sich von dieser Figur bedroht«, ließ der Geschäftsführer der Ausstellung, Bernd Leifeld, ausrichten. Es handele sich um einen »Eingriff in die Freiheit der Documenta«.[11]

Als eine Bedrohung und Freiheitsbeschneidung konnte die Balkenhol-Skulptur allerdings nur deshalb angesehen werden, weil Christov-Bakargiev für sich in Anspruch nahm, allein darüber zu entscheiden, welche Werke von wem in der Kasseler Innenstadt gezeigt werden dürfen. In diesem Streit

11 Timo Lindemann, »documenta-Leiterin fühlt sich ›bedroht‹«, in: *art. Das Kunstmagazin* (09.05.2012), online verfügbar unter: {http://www.art-magazin.de/szene/51201/balkenhol_kassel}.

zeichnete sich ein Herrschafts- und Exklusivitätsdenken ab, das nicht zuletzt durch das Wesen der Auftragskunst begünstigt und verstärkt worden war. Zu diesem Wesen gehört es, dass der Auftraggeber, in diesem Fall die Documenta-Leiterin und ihr Team, über die Kunst mitbestimmt und das Singuläre und Exklusive daran als besonders wichtig erscheinen. Umso bedrängender musste es wirken, als eine andere Institution, die Kirche, ebenfalls diesen Anspruch auf Singularität und Exklusivität erhob. Und weil sich die Kuratorin als Coproduzentin vieler Werke auf der Documenta wähnte, reagierte sie derart aufgebracht, als wäre die Freiheit eines Künstlers in Gefahr. Im Kern konnte man in dem Konflikt die Tücke der neuen Auftragskunst erblicken: Wenn Documenta und Kirche nicht länger nur als Ausstellungsorte gelten, sondern in gewisser Weise auch als Mitverantwortliche, mitunter sogar als Mitschöpfer im künstlerischen Prozess, dann treten sie umso mehr in eine ästhetische Konkurrenz ein. Zutage tritt eine Eifersucht, wie sie unter Künstlern nicht unüblich ist.

Die Privatisierung der Kunst

Neben den Museen und Biennalen, den Unternehmen und manchen öffentlichen Einrichtungen hat aber vor allem eine Gruppe dazu beigetragen, dem Auftragskünstler zu einem überaus glanzvollen Comeback zu verhelfen: die privaten Sammler. Auf vielen Messen sind es zwar weiterhin die Innenarchitekten und Inneneinrichter (vorwiegend amerikanischer Herkunft), die für einen Großteil des Umsatzes sorgen. Doch ist mit dem stark gewachsenen Reichtum in den obersten Gesellschaftsschichten auch die Zahl der besonders wohlhabenden Kunstsammler deutlich gestiegen. Viele von ihnen sind oder waren Unternehmer, und ähnlich wie die Firmen, die sich für künstlerische Interventionen begeistern, wird auch ihnen die Kunst zu einer Beziehungsfrage. Sie suchen die Nähe zum Künstler, manche wollen sich von ihrem Wagemut anstecken lassen, andere gar zu Mitgestaltern werden.

Natürlich geht es ihnen auch darum, ein möglichst unverwechselbares, auf ihre Bedürfnisse zugeschnittenes Werk ihr Eigen zu nennen. Dafür braucht es nicht nur viel Geld, sondern auch gute Beziehungen zu Händlern und Beratern. Anders als auf einer teuren Auktion, bei der ein Käufer anonym bleibt und das einzige Wagnis darin besteht, das eigene Vermögen zu verschwenden, bedarf der persönliche Auftrag an einen Künstler überdies einiger Kenntnisse und verlangt ein Gespür für Terminologie, Sujet und das, was sich dem Künstler notfalls zumuten lässt. Vor allem ist Vertrauen nötig, denn ein Auftragssammler sammelt etwas, das es noch nicht gibt und das misslingen und seine Vorstellungen enttäuschen kann.

Auch im 20. Jahrhundert haben Künstler und private Enthusiasten immer wieder zusammengearbeitet. Allerdings eiferten diese in der Regel eher dem Modell eines öffentlichen Museums nach, wenngleich sich damit ein besonderer Anspruch verband. So betrauten Dominique und Jean de Menil in den sechziger Jahren den Maler Mark Rothko mit der Ausgestaltung einer Kapelle in Houston, Texas, die nicht einer bestimmten Religion geweiht sein sollte, sondern der Kontemplation im Angesicht der Kunst. Eigens fertigte Rothko vierzehn Gemälde und einige mögliche Alternativen an, um den Auftraggebern eine Auswahl zu erlauben. Die mittlerweile Rothko Chapel genannte Halle steht der Allgemeinheit offen, ein philanthropisches Projekt, das eine besonders innige, auf Ruhe und Intensität abzielende ästhetische Erfahrung ermöglichen will.

Viele große Kunstprojekte, vor allem in den USA, wären ohne die Sammler und ihre Stiftungen nicht zustande gekommen, beispielsweise das *Lightning Field* von Walter De Maria. So reizvoll aber der öffentliche Charakter solcher Unternehmungen ist, weil nicht nur der Künstler, sondern auch der Auftraggeber in den Mittelpunkt der Aufmerksamkeit rückt, neigen doch unterdessen viele Sammler zur intimeren Inszenierung. Wenn sie überhaupt an Öffentlichkeit interessiert sind, dann an der Anerkennung eines elitären Zirkels. Sie privatisieren die Kunst und treiben damit eine Umwertung des Begriffs voran: War dieser in der Moderne ganz wesentlich dadurch bestimmt, dass er als offen galt und seine Bedeutung im allgemeinen Diskurs stets neu ermittelt werden musste, so geht diese letztlich demokratische Vorstellung in dem Maße verloren, in dem die Erscheinungen der Kunst im Unscheinbaren der Privatsphäre verbleiben. So ließen sich die Sammler César und Mimi Reyes von Jorge Pardo in Puerto Rico eine Art bewohnbare Skulptur inklusive Küchenausstattung errichten, ein Haus, das 2005 fertiggestellt wurde und in dem Kunstanspruch und architektonische Dienstbarkeit ineinandergreifen. Es unterstreicht das Grundanliegen der beiden Auftraggeber, die die Kunstwelt hineinziehen in ihre familiären Zirkel und Künstler gern als Freunde begreifen, die daheim empfangen und bewirtet werden wollen. Sie suchen Vertrautheit und weniger die repräsentative oder kontemplative Kraft der Kunst.

Es ist eine Vertrautheit, die den Sammlern einiges abverlangt. Von dem antiken Feldherrn Alkibiades ist überliefert, er habe den Maler Agatharchos über drei Monate lang in seinem

Haus festgehalten, damit dieser ihm seine Gemächer prachtvoll gestalte. Im Patronagesystem der Gegenwart kehren sich die Verhältnisse nicht selten um: Die Auftraggeber fühlen sich ihrerseits gebannt, ja gefangen genommen von ihrer Aufgabe. Und so wie Künstler oft davon erzählen, wie sie mit ihrer Kunst ins Unabsehbare aufbrechen und sich auf ein Wagnis einlassen, das sie die Welt neu entdecken lässt, so berichten auf ganz ähnliche Weise die Auftraggeber von ihren Erfahrungen. Häufig werden diese als herausfordernd und komplex dargestellt, nichts für gewöhnliche Kunstliebhaber: »Wir geben Werke in Auftrag, weil es sehr abenteuerlich ist«, sagt der Sammler Dennis Scholl aus Miami. »Aber es ist auch sehr anstrengend, es ist komplex, es ist sehr risikobehaftet.« Vergleichbar äußert sich Miuccia Prada aus Mailand: »Über die Jahre habe ich sehr viel gelernt, über chemische Prozesse, die Behandlung von Metall, exotische Flora und Fauna, die Probleme der Fußbodenbelastbarkeit und über vieles mehr. Wenn man sich nicht für diese Art von Erfahrungen interessiert, sollte man keine Kunstwerke in Auftrag geben, es sei denn kleine Gemälde.«

Zugleich beschreiben viele Künstler, wie ungezwungen, ja befreit sie sich durch manche Aufträge fühlen, ganz anders als Agatharchos. Anya Gallaccio aus London gefällt es etwa, »nicht in einem Vakuum arbeiten zu müssen. Ich genieße den Prozess einer ausgedehnten Beziehung mit einem Menschen oder einem Ort, zu denen ich normalerweise keinen Zugang gehabt hätte.« Und sie ergänzt: »Manchmal überraschen dich die Leute und lassen dich weiter gehen, als du ursprünglich vermutet hättest.« Ihr Kollege Anish Kapoor hebt ebenfalls hervor, wie bereichernd sich manche Kooperationen gestalten: »Du nimmst Aufträge an, weil bei diesen alle möglichen Dinge ausgetestet werden, von der Größe bis dahin, dass man hoffentlich eine andere Art von Sprache entwickelt.«[12]

In der Regel scheint die Zusammenarbeit zwischen Künstlern und Kunstbestellern einvernehmlich zu verlaufen. Von offenem Streit ist nur selten zu hören, anders als beispielsweise in der Renaissance, als viele Maler und Bildhauer den Konflikt nicht scheuten. Anders auch als bei manchem Auftrag im 20. Jahrhundert, etwas als sich Diego Rivera 1933 weigerte, bei einem von Nelson Rockefeller in Auftrag gegebenen Wandgemälde in New York das Gesicht von Lenin durch das eines einfachen Arbeiters zu ersetzen. Er bot als Kompromiss an, die Figur Abraham Lincolns in das Gemälde einzufügen, das aber lehnte Rockefeller ab. Das Wandbild wurde kurze Zeit später zerstört.

Wie Normalisierung die Kunstproduktion verändert

Wenn sich das Bild des Künstlers wandelt, weil er nun eingebunden ist in ein System der Bestellungen; wenn zudem der Markt für Kunst sich verändert, weil die Nachfrage weit stärker geworden ist; wenn also neben die Eigen- eine gewichtige Fremdkontrolle tritt und somit die Kunst als Interessenshybrid zu betrachten wäre; wenn all dies zutrifft, dann beeinflusst und verändert das die Ideale der ästhetischen Produktion.

Hartnäckig hält sich zwar der Mythos, dass der wahre Künstler unbestechlich sei. Er lasse sich allein von seiner Inspiration leiten, und ganz gleich, wie sehr er von äußeren Interes-

12 Alle Zitate nach Buck/McClean, *Commissioning Contemporary Art*, S. 30ff.

sen bedrängt werde, bleibe er seiner Berufung verpflichtet. Diesem Sehnsuchtsbild all jener, die vom autarken Ich träumen, war noch nie zu trauen. Selbst wenn Zeitgenossen mitunter davon überzeugt waren, ein Künstler habe in kühner Neuerungswut nur auf die eigene innere Stimme gehört, so erwies sich spätestens im Rückblick, dass diese Stimme stets Teil eines Chores war. Der Einzelne ist gebunden an die Bedürfnisse, die Träume seiner Zeit, und sei es der Traum von der Ungebundenheit.

Dennoch wirkte es über weite Strecken des 20. Jahrhunderts so, als wahrten die Künstler eine gewisse Distanz, als blickten sie skeptisch auf alle Fragen der Ökonomisierung, denn die Kunst sollte nicht den Gesetzen eines Nachfrage-, sondern eines Angebotsmarktes gehorchen. Mittlerweile haben sich in weiten Teilen des Kunstmarktes die Verhältnisse in ihr Gegenteil verkehrt, und weit stärker als ehedem ist es die Nachfrage, die ein Angebot schafft. Die Verlockung des Marktes besitzt eine nivellierende, die Eigenarten des Künstlers mit formende Wirkung.

Selbst Maler, die für sich noch am ehesten in Anspruch nehmen können, nur den eigenen Eingebungen zu folgen, weil sie in der Regel nicht für ortsspezifische Aufträge engagiert werden, bleiben zumindest mittelbar von der Ökonomisierung der Kunstwelt nicht verschont. Mag der Einzelne auch glauben, er sei nicht davon infiziert, er könne die korrumpierende Macht des Geldes ignorieren, so öffnet sich die Schere im Kopf doch spätestens, wenn er sich seiner Außenwahrnehmung bewusst wird. Die nämlich ist in Zeiten der Auktionsrekorde und Blitzkarrieren nur zu oft geprägt von Gedanken an Image, Verdienst und Gewinnmargen. Unweigerlich wird jede Geste der Verweigerung von manchen als eine umsatzsteigernde Strategie gewertet.

Selten nur äußern sich Künstler öffentlich über den Sog des Geldes, über den Einfluss, den ein überschießender Markt auf sie ausübt. Die Erfolglosen fühlen sich gedemütigt, weil so oft allein die Verkaufszahlen über den Rang ihrer Werke zu entscheiden scheinen. Doch nicht minder gedemütigt fühlen sich zahlreiche jener Künstler, deren Werke auf Messen und Auktionen zu schwindelerregenden Summen gehandelt werden. »Das hat ein Weilchen gedauert, bis ich merkte: Du bist nur das Spielzeug dieser Sammler. Sie machen mit dir, was sie wollen. Und eigentlich geht es nicht um dich, es geht nur ums Geld«, berichtet der New Yorker Maler und Bildhauer Eric Fischl, der in den achtziger Jahren berühmt wurde und dessen Werke sich mitunter für mehr als eine Million Euro verkaufen.

Freimütig erzählt Fischl davon, wie der Markt der besonders wohlhabenden Käufer bestimmte Ästhetiken bevorzugt und damit die Produktion beeinflusst. »Die Leute wollen Kunst sehen, aber sich nicht wirklich in sie hineinziehen lassen. Sie wollen den schnellen, schrillen Effekt. Und es gibt mittlerweile auch ziemlich viele Künstler, die sich genau darauf spezialisiert haben. […] Kaum etwas scheint so beliebt wie infantile Cartoonfiguren und ähnliche Sachen, die wie Spielzeuge für Erwachsene aussehen. Bestens geeignet, um sich dem Traum von infantiler Unschuld hinzugeben.« Fischl nimmt zwar für sich in Anspruch, der Infantilität zu widerstehen. Zugleich räumt er aber ein, dass von der wachsenden Nachfrage auch eine Versuchung für seine eigene Arbeit ausgehe: »Wie wäre es, wenn ich von diesem einen Bild, für das ich 100 000 Dollar bekomme, noch drei, vier weitere Versionen male. Dann hätte ich eine halbe Million. Wäre nicht schlecht für einen Nachmittag.«

Selbst jene Künstler, die den Hype nicht mitmachen wollen,

sind doch auf Vermittlung angewiesen, sie brauchen Händler und Kuratoren, die von ihrer Arbeit überzeugt sind und sich für sie verwenden. Gerade diese Vermittler aber wissen auch, welche Sujets, welche Formate, welche Kunstgestalt besonders gefragt sind. Oft vermitteln sie auch nicht nur Werke, sondern ebenso die nachgefragten Bedürfnisse ihrer Kundschaft. »Manchmal gibt es Galeristen«, sagt Fischl, »die geben Kundenwünsche weiter und sagen: Hey, da gibt es einen Sammler, der hat bei einem anderen Sammler deine Strandbilder gesehen, jetzt will er auch so eines, willst du das malen? Immer größer wird der Einfluss solcher Sammler. Sie bestimmen, was in den Galerien gezeigt wird, was in die Museen kommt. Am Ende bestimmen sie, welche Art von Kunst als akzeptabel gilt.«[13] Der Markt verselbständigt sich, er hebt manche Künstler in aberwitzige Höhen, ohne dass je ein Museum seine Bilder ausgestellt und damit seine Relevanz bestätigt hätte.

Nun ist für niemanden der Erfolg eines Künstlers tatsächlich ausrechenbar, selbst für Schauspieler oder Regisseure in der Film- und Fernsehindustrie nicht, in der gewaltige Summen für Marktforschung ausgegeben werden. Zudem wird kaum jemand in der Kunstwelt einzig deshalb Karriere machen, weil er besonders strategisch und imagebewusst der Nachfrage zu entsprechen weiß. Allerdings sind Nichtkäuflichkeit und Selbsttreue spätestens seit Andy Warhol nicht unbedingt die wichtigsten Wesensmerkmale erfolgreicher Künstler. So einige bedienen den Markt mit entspanntem Zynismus, sie produzieren Werke, die dem einmal formulierten Markenbild

13 Sämtliche Zitate aus einem Interview mit Eric Fischl, erschienen in: *Die Zeit* (20.02.2014), S. 47, online verfügbar unter: {http://www.zeit.de/2014/09/eric-fischl-maler/komplettansicht}.

ihrer selbst gerecht werden. Die Künstler von heute seien »Eingeborene des Marktes«, formuliert Gregor Muir, der Direktor des Londoner Institute of Contemporary Arts. »Für sie ist es unmöglich zu entkommen, der Markt umschließt sie.«[14] Ob absichtlich oder nicht, folgen sie den Interessen des Geldes und bieten ihren Käufern jene Requisiten, die diese für ihre Vorstellung eines gelingenden Lebens begehren.

Auch Protest gegen den Markt bedient einen Markt

Manche Künstler widersetzen sich diesem Handel offensiv, sie spüren den wachsenden Druck gerade in Zeiten, in denen sich die Auftragskunst zum beliebten Modus Vivendi entwickelt hat. So besuchte der Konzept- und Videokünstler Christian Jankowski 1996 die Spielbank Bad Neuenahr, setzte das gesamte Geld, das ihm Sponsoren für seine Arbeit bereitgestellt hatten, auf eine Zahl und verlor. Andrea Fraser ließ ihre Galerie nach einem Sammler suchen, um sich zu prostituieren, also mit ihm ins Bett zu steigen und dabei filmen zu lassen; das Video erwarb der Sammler anschließend, als ein besonders institutionskritisches Werk, Kategorie Auftragskunst. Und nicht zuletzt Damien Hirst versuchte, sich auf paradoxe Weise als untertäniger Herrscher über die Mächte des Geldes zu inszenieren. Er bemühte sich 2008, den Markt an seiner eigenen Gier ersticken zu lassen. Bei Sotheby's brachte Hirst über zweihundert Werke zur Versteige-

14 Zit. nach Charlotte Burns, »Year of record sales, but at what cost to the art?«, in: *The Art Newspaper*, Nr. 264, Januar 2015, S. 6, online verfügbar unter: {http://www.theartnewspaper.com/articles/Year-of-record-sales-but-at-what-cost-to-the-art/36684}.

rung, die er eigens zu diesem Zweck angefertigt hatte; das eigentliche Werk aber, eine Art Performance, waren die auf der Auktion erzielten Preise, lauter Rekordsummen für ausgemachte Banalitäten, mit denen Hirst die Dekadenz in derart steile Höhen trieb, dass ein Absturz unvermeidlich schien. Unter anderem ließ er ein Goldenes Kalb produzieren, genauer gesagt einen eingelegten Stier mit goldenen Hörnern und Hufen, bekrönt von einer goldenen Scheibe. Auf einem mannshohen Marmorsockel wurde das Werk dargeboten, und der Käufer des Tiers erwarb damit nicht nur eine Hirst-Ikone, er bekam auch eine Ikone des grassierenden Kunstirrsinns, das Inbild des Fehlglaubens. Zugleich war es eine Trophäe, die ihren Jäger zur Beute macht. Während für gewöhnlich die Kunst zum Objekt der Sammlerlust wird, kehrten sich hier die Verhältnisse um. Geld zu haben reichte nicht, um das Werk zu kaufen; der Sammler musste bereit sein, sich zum Objekt des Künstlers zu machen, zum Opfer der Spottlust.

Auf ähnliche, wenn auch weniger explizite Weise wandeln viele Künstler auf dem schmalen Grat zwischen Affirmation, Kritik und Ausverkauf. Allerdings zeugen ihre Versuche, sich und ihre Kunst der Warenförmigkeit zu entziehen, einer »Überproduktion überflüssiger Objekte«, wie es der Künstler Artur Żmijewski nennt, zumeist doch nur davon, wie sehr die wachsende Nachfrage auf sie und ihr Schaffen einwirkt.[15] Ob die Mechanismen des Marktes entlarvt, konterkariert oder nur erweitert werden, ist am Ende nicht entscheidend. Entscheidend ist, dass es äußerliche Bedingungen sind, »von

15 Zit. nach Alain Bieber, »Gesellschaftliche Utopien oder Wie politisch ist die Kunst?«, in: Johannes M. Hedinger und Thorsten Meyer (Hg.), *What's next? Kunst nach der Krise*, Berlin 2013, S. 77-80, hier S. 79.

denen Künstler üblicherweise kontrolliert werden«, wie die Kuratorin Catherine Wood schreibt.[16]

Es sind diese Bedingungen, die das Spiel mit Zeichen und Images prägen und gelegentlich die Kunst hinter der Markenhaftigkeit des Künstlers verschwinden lassen. Kunst gerät so nicht zuletzt zu einer Kunst der Selbstvermarktung. Schon die Studenten mancher Hochschulen lernen, wie wichtig es ist, sich und die eigenen Anliegen ins Gespräch zu bringen, sich den Regeln des Kunstmarktes zu stellen, mithin die Nachfrage anzuregen. Manche Zeitschriften und Künstlerverzeichnisse machen daraus ihrerseits ein Geschäft, indem sie sich für werbende Artikel bezahlen lassen. »Die Mehrheit der Künstler muss selbst für sich die Trommel schlagen«, sagt die Malerin Carol Hallock, die im Magazin *Artvoice* für 3500 Dollar eine Titelgeschichte bekam. »Niemand anderes wird es für uns tun.«[17]

Wie sehr der Markt nicht nur Selbstverständnis und Selbstvermarktung verändert, sondern auch die Erscheinungsformen des Kunst beeinflusst, zeigt sich beispielsweise bei Künstlern, die nicht länger eigenhändig tätig werden, da sie ihre Kunst von Werkstätten fertigen lassen. So beobachtet der Kunstwissenschaftler Wolfgang Ullrich, viele Werke der

16 Kontrolliert würden die Künstler üblicherweise, so Catherine Wood, »von den Vermittlern, die für das Geld, und von den Establishments, die für den Geschmack zuständig sind« (Catherine Wood, »Kapitalistische Echtheit«, in: *Pop Life. Warhol, Haring, Koons, Hirst*, Ausstellungskatalog 2010, Köln 2010, S. 48-65, hier S. 54).

17 Zit. nach Rachel Corbett, »Young artists under pressure to pay for publicity«, in: *The Art Newspaper*, Nr. 260, September 2014, S. 11, online verfügbar unter: {http://static1.squarespace.com/static/532a3c03e4b067106918683b/t/542d8945e4b0ab80a226b1e4/1412270405358/027+Art+Market+publicity+pressure.pdf}.

Gegenwart wirkten »auch deshalb kühl, aseptisch, glatt, weil jeweils nur die erste Idee eines Künstlers von Handwerkern umgesetzt wurde, die meist auch nur per Fax gebrieft wurden«.[18] Damit werde die Kunst auf eine vordergründige Pointe oder schlichte Effekte reduziert, zumal bei Künstlern wie Doug Aitken, bei dem es vorkomme, dass er seine Arbeiten zum ersten Mal erst in seinen Ausstellungen sehe.
Noch offenkundiger sind die Rückwirkungen, wenn die fremdgefertigten Werke von fremdbestimmten Interessen mitgeprägt werden, sich also einem Auftraggeber verdanken. Die herkömmliche Attitüde der Avantgarde, sich widerborstig und machtkritisch zu geben, verliert in solchen Fällen ihre Bedeutung. Eine Kunst des offenen Konflikts ist insbesondere in Unternehmen geradezu ausgeschlossen. Ebenso werden sich private Sammler, wenn sie die Kunst nicht nur ausstellen, sondern sie in ihr Alltagsleben integrieren wollen, mit einer besonders drastischen und derben Ästhetik schwertun. Es gehört zum Wesen der Auftragskunst, dass sie eher das Angemessene und Machbare befördert und nach Kompromissen sucht, um den Willen des Künstlers und das Wollen seiner Auftraggeber gleichermaßen zu berücksichtigen.

Die Programmierung der Kunst auf Wachstum und Sieg

Das Angemessene kann allerdings auch im Unangemessenen liegen, gerade dort, wo viel Geld fließt und die Kunstnachfrage nach einprägsamen Gesten verlangt. Der letzte verbliebene Heroismus der Gegenwart ist der Heroismus der großen Zahl. Eine erstaunliche Lust an der schieren Größe hat weite

18 Ullrich, »Ästhetikkolumne«, S. 52.

Teile der Kunstwelt erfasst, und diese Lust wächst ebenso schnell wie der Umsatz der wichtigen Galerien und Ateliers. »Das Kunstsystem denkt in den Kategorien Hollywoods«, schreibt der Kurator und Museumsdirektor Okwui Enwezor. »Man hofft auf ein gutes Ergebnis und träumt vom Blockbuster.«[19] Während anderweitig längst über eine Abkehr vom kapitalistischen Wachstumsglauben debattiert wird, definieren sich zahlreiche Künstler und Kuratoren ungebrochen und unreflektiert über ein ewiges Nochmehr. Da Sinn und Zweck zu raren Ressourcen werden, suchen sie ihr Heil in der Ausdehnung: Biennalen müssen wachsen, Museen müssen wachsen, Besucherzahlen müssen wachsen, Galerien müssen wachsen, und selbstverständlich auch die Formate der Maler, Bildhauer und Konzeptkünstler.

Die Kunst wächst, indem sie sich allzuständig fühlt, indem sie andere Kunstsparten, den Tanz, das Theater, den Film, für sich vereinnahmt, indem sie als Forschung auftritt und drittmittelfähig sein möchte oder auch indem sie die klassischen Kunstgefilde verlässt und den Alltag durchdringt, in die Ferne zieht, selbst die Zugspitze oder eine Aussichtsdüne auf Spiekeroog für kunsttauglich befindet. Aber nicht nur ihr Anspruch ist expansiv, auch Gewicht, Höhe oder Produktionskosten vieler Werke fallen derart gewaltig aus, als sollten neue Rekorde aufgestellt werden. Größe zahlt sich aus, und das schon deshalb, weil ein großes Gemälde etwa von Anselm Kiefer automatisch höhere Preise erzielt als ein kleineres. Zudem zeugt Monumentalität auf denkbar schlichte Weise von Potenz und Herrschaft: einen Raum für sich einzunehmen, alle Kostenfragen beiseiteschieben zu können und sich qua

19 Okwui Enwezor, »Die dünne Haut der Blase«, in: *Süddeutsche Zeitung* (12.12.2014), S. 2.

Größe für jene Sammler und Museen zu empfehlen, die selbst jeden Maßstab übersteigen wollen. Es ist eine Kunst, die zu Höherem berufen ist, eine Kunst für Gewinner.
Gewiss ist es für einen Künstler verführerisch, wenn ein Galerist wie Larry Gagosian anruft, der Einfluss und Erfolg verheißt, weil er wie kein anderer den imperialen Hang zur Größe pflegt. Begonnen hatte er mit einem Posterstand auf dem Gehweg, unterdessen betreibt er zwölf Galerien weltweit, sein Umsatz soll sich auf etwa eine Milliarde Dollar im Jahr belaufen, und er vertritt einige der bekanntesten Künstler der Gegenwart, Jasper Johns ebenso wie Frank Stella, Richard Prince oder den Nachlass von Andy Warhol.
Dass Gagosian seine Künstler zu extragroßen Werken anhalten würde, ist nicht eindeutig überliefert. Vielleicht aber muss er das auch gar nicht, denn allein die schiere Dimension vieler seiner Galerie- und Ausstellungsräume formuliert eine Erwartung. So lässt sich zumindest vermuten, dass eine Künstlerin wie Cindy Sherman, die von Gagosian vertreten wird, diese Erwartung zu spüren bekam und auch deshalb über die Jahre ihre anfängliche Bescheidenheit ablegte und ausgreifende Bildinszenierungen entstanden. Wer sich mit Kunstherrschern wie Gagosian einlässt, der wird Teil eines Imperiums und partizipiert an einer Logik, in der ökonomische und ästhetische Interessen ineinandergreifen.
Nun ist eine stete Weitung des Formats an sich unproblematisch, in der Kunstgeschichte gab es immer wieder eine Tendenz zum Größenwahn. Allerdings war sie nur in wenigen Fällen einer künstlerischen Notwendigkeit geschuldet, häufiger dagegen einem ökonomischen oder einem autoritären Impuls. Größe verlangt Achtung, verlangt Abstand, Größe ist gebieterisch, sie lässt den Betrachter klein erscheinen. Diese Kunst verdankt sich einem Geist der Überbietung und Über-

wältigung. Und wenn sie von einem guten Leben kündet, dann ist es eines, in dem vor allem Äußerlichkeiten zählen: mehr ist immer mehr.

Die Ideologie der Expansion bestimmt die Museen

Es sind aber keineswegs nur Galeristen und Künstler, die das einer kapitalistischen Gesinnung folgende Maximierungsdenken – Think big! – vorantreiben. Je größer das Geschäft mit der Kunst wird, je mehr Ausstellungen abgehalten, Biennalen gegründet und Messen veranstaltet werden, desto bedeutsamer wird es für alle Beteiligten, den Regeln der Aufmerksamkeitsökonomie gerecht zu werden. Es ist ein sich selbst verstärkender Prozess, in dem beispielsweise die Documenta in Kassel immer ausgedehntere Formate entwickelt, um noch mehr Besucher anzulocken. Um jedoch in einer solchen Riesenausstellung nicht unterzugehen, produzieren viele Künstler ihrerseits immer ausgedehntere Werke. Was wiederum dazu führt, dass die Ausstellungshallen wachsen müssen und weitere Austragungsorte erschlossen werden. Am Ende kommt eine Documenta heraus, von der kaum noch ein Besucher behaupten kann, er hätte sie tatsächlich und in Gänze gesehen. Das Inkommensurable, das lange den Kunstwerken zugeschrieben wurde, wird zum kuratorischen Programm, nicht selten mit dem Ergebnis, dass sich die Ausstellung einer produktiven Auseinandersetzung entzieht, denn so etwas wie eine geteilte Erfahrung gibt es nur noch in Bruchstücken. Zudem fühlen sich viele Besucher sowohl ermattet als auch entleert, denn die Masse hinterlässt ein Gefühl des Mangels. Gegen die Intensität einer überbordenden Ausstellung kann die Intensität eines einzelnen Kunstwerkes nicht bestehen.

Nur die wenigsten Kuratoren wissen tatsächlich um die Aufmerksamkeitsspannen und Wahrnehmungsmuster der Betrachter. Sie konzipieren ihre Ausstellungen in der Regel intuitiv, und das Sinn- und Verweissystem spricht oftmals nur zu den Eingeweihten. Kuratoren neigen dazu, für andere Kuratoren zu kuratieren.[20] Es existieren auch nur wenige wissenschaftliche Studien, die diese Tendenz zur Selbstbezüglichkeit erschüttern würden. So gut wie nie wurde das Verhalten der Museumsbesucher mithilfe naturwissenschaftlicher Methoden untersucht. Die wenigen Studien, die es gibt, belegen deutlich, dass die Aufmerksamkeit der Besucher rasch nachlässt; durchschnittlich verbringt ein Betrachter kaum länger als zehn Sekunden vor einem Kunstwerk.[21] Leicht lässt er sich ablenken, zumal wenn er weiß, dass noch viele weitere Säle voller Kunst vor ihm liegen und bewältigt werden wollen. Besonders schwer haben es Gemälde, wenn sich im selben Raum weit ausgreifende Skulpturen befinden, die rasch die Blicke auf sich ziehen. Gerade solche Kombinationen aus Bildern und Installationen sind bei vielen Kuratoren beliebt, allerdings nicht unbedingt zum Vorteil der Kunstrezeption.

Jede Art von zusätzlichem Reiz, ganz gleich ob durch Audioguides, Touchscreens, laute Videobeschallung aus dem Raum

20 Der Kurator Daniel Tyradellis scheibt über seine Kollegen: »Ausstellungsmacher machen Ausstellungen in erster Linie, so mein Eindruck, für Ausstellungsmacher – und nicht für das Publikum« (Daniel Tyradellis, *Müde Museen. Oder: Wie Ausstellungen unser Denken verändern könnten*, Hamburg 2014, S. 113).

21 Siehe etwa das Forschungsprojekt eMotion des Instituts für Design- und Kunstforschung der Hochschule für Gestaltung und Kunst Basel. Informationen sind auf der Website des Projekts verfügbar: {http://www.mapping-museum-experience.com}. Siehe auch Hanno Rauterberg, »Und die Herzen schlagen höher«, in: *Die Zeit* (20.04.2012), online verfügbar unter: {www.zeit.de/2012/17/Museumbesuch-Studie}.

nebenan oder durch Scharen von Mitbesuchern, wie sie für Großausstellungen üblich sind, mindert das ästhetische Erleben. Das mag eine banale Erkenntnis sein. Dennoch wird sie von vielen Kuratoren selten beherzigt. Sie denken nicht darüber nach, wie sie eine Atmosphäre des Verweilens und der Intimität erzeugen könnten. Daher erscheinen gerade Großausstellungen in den Augen etlicher Besucher – auch das lässt sich aus den Studien ableiten – als Orte der blanken Überforderung.

Allerdings sind es nicht nur die Sonderausstellungen, die zur Übergröße neigen. Ebenso folgen viele angestammte Museen dem Ideologem des Wachstums. Mehr Kunstwerke, größere Ausstellungen und am besten alle zwei, drei Jahrzehnte einen An- oder Neubau, um die expandierende Sammlung auch zeigen zu können – das ist die Logik, der die meisten Museen gehorchen. Auch ihnen verrutschen die Maßstäbe, auch sie wollen Größe demonstrieren, weil Größe stets Bedeutung verheißt. Ob die Besucher einzelne Säle mit gesteigerter Aufmerksamkeit betrachten, ob Dauer und Intensität zunehmen oder ob im Gegenteil das Tempo und damit die Oberflächlichkeit wachsen, ist allenfalls am Rande von Bedeutung.

Damit aber befördern die Museen und Biennalen eine bestimmte Kunsterfahrung, die eher von Zerstreuung als von Kontemplation geprägt ist. Und je stärker sie auf Expansion setzen, auf die Inszenierung von Überfülle, desto häufiger transportieren sie eine Vorstellung vom guten Leben, das den starken, den ausdauernden Menschen in den Mittelpunkt stellt, einen, der bereit ist, an die Grenzen seiner Kraft und Aufmerksamkeit zu gehen. Der gute Besucher ist einer, der sich im Minutentakt auf neue Werke, neue Namen einzulassen vermag. Einer, der permanente Abwechslung zu schätzen weiß und der resistent ist gegen Reizüberflutung. Wo das

Prinzip der Größe vorherrscht, wird das Flüchtige nobilitiert. Und das Gefühl nicht weniger Besucher, sich selbst zu überfordern, wird nachgerade zum Signum eines erfüllenden Daseins.

Spätestens hier wird offenkundig, dass nicht nur dem Gezeigten, sondern auch dem Zeigen selbst ein Wertesystem eigen ist, ja, dass es dieses wenn nicht hervorbringt, so doch stützt. Die Bedingungen, unter denen ein Kunstwerk entsteht und dargeboten wird, sind ohne ethische Implikationen nicht zu denken, auch wenn sie nur selten thematisiert werden. Sich auf das Spektakel der großen Form, der noch größeren Ausstellung einzulassen, es mit zu verantworten, sei es als Künstler, Sammler oder Kurator, bedeutet eben auch, bestimmten Erwartungen an die Kunst zu entsprechen und andere, die stilleren, bescheideneren, nicht auf gewaltige Aufmerksamkeit zielenden, hintanzustellen. Eine Ästhetik des Mehr-und-immer-mehr wird durchzogen von ethischen Maximen, die das Gute im Großen suchen, im Anhäufen, Beschleunigen, in einer machtvollen Außenwirksamkeit. Es sind diese Maximen, die weite Teile der Kunstwelt bestimmen.

Das Ethos der Kunst und die Interessen der Macht

Als die Kunst der Moderne noch ein selbstgenügsames Spiel war, als sich vor allem die Künstler, einige Kustoden, Galeristen und Kritiker mit ihr befassten, als das Publikum nur ein bescheidenes Interesse an den Tag legte, da galten Fragen der Macht als nebensächlich. Obwohl es immer schon ausgeprägte Hierarchien gab, immer schon Mechanismen von Ausschluss und Einbeziehung, immer schon einflussreiche Figuren, die auf den Rang einer Stilrichtung oder die Karriere eines Künstlers einwirkten, war das gesellschaftliche Ansehen der Kunst doch zu schwach, um auch für die Macht des Geldes, der Politik oder des Glamours attraktiv zu sein. In der Moderne konnte man sich problemlos der Illusion hingeben, dass im Zentrum der Kunstwelt der Künstler stehe und die wahre Macht seinen Werken gehöre. In Zeiten der Postautonomie hat sich diese Illusion verflüchtigt.

Seit 2002 veröffentlicht das britische Magazin *Art Review* jeden November eine Rangliste namens Power 100, die sich der Machtverteilung im Kunstbetrieb widmet.[22] Aufbauend auf der subjektiven Einschätzung von sechsundzwanzig Juroren, deren Namen nicht veröffentlicht werden, bietet diese Liste keinerlei analytischen Hintergründe. Sie findet jedoch alljährlich breite Beachtung und ist schon deshalb bemerkenswert, weil sie Künstlern nur eine nachrangige Bedeutung zumisst. Nicht sie haben die Macht, das verdeutlicht die Liste in dankenswerter Klarheit, sondern Sammler, Galeristen und Kuratoren. Die Macher der Kunst sind nicht länger jene, die Kunst machen. Denn Gewicht und Bedeutung gewinnen die Künstler erst, so lässt sich der Liste entnehmen, wenn sie von global einflussreichen Händlern wie David Zwirner oder Iwan Wirth vertrieben werden. Wenn sie ein Kurator wie Hans Ulrich Obrist schätzt und fördert, dessen Kapital seine Kontakte, seine Seilschaften sind. Und wenn sie die Macht des Geldes für sich gewinnen, Sammler wie die Franzosen François Pinault oder Bernard Arnault.

Zahllose neue Museen sind als Folge des allgemeinen Kunstbooms entstanden, etliche von ihnen in privater Hand. In ihnen manifestiert sich auf besondere Weise die Machtverschie-

22 Die Liste ist auf der Website des Magazins verfügbar: {http://artreview.com/power_100/}.

bung der letzten Jahrzehnte, denn waren die wichtigsten Kunstsammlungen in vormodernen Zeiten zumeist von den Interessen des Adels geprägt und nur einem beschränkten Kreis von Interessierten zugänglich, so hatte sich dies geändert, als die Monarchien verschwanden und die Kunst dem breiten Publikum zugänglich gemacht wurde. Vor allem das europäische Museum verstand sich nun als ein Ort des gesellschaftlichen Austauschs, dem Geiste nach offen und frei, von einer demokratisch bestimmten Öffentlichkeit getragen.

Auch große Privatsammler fügten sich diesem Primat der Entprivatisierung, manchmal beförderten sie es sogar. So verdankt sich die Gründung des Britischen Museums 1753 einer bürgerlichen Stiftung; der Wissenschaftler Hans Sloane vermachte der Regierung seine Sammlung für 20 000 Pfund Sterling. Das Museum hatte einen klaren Auftrag: Nicht nur »die Gebildeten und Neugierigen sollen es besichtigen und sich dort vergnügen können, vielmehr soll es von allgemeinem Nutzen und Vorteil für die Öffentlichkeit sein«.[23] Ähnlich begründete in Frankfurt der Gewürzhändler Johann Friedrich Städel zu Beginn des 19. Jahrhunderts eine Stiftung mit Museum und Zeichenschule, ausgestattet mit mehr als einer Million Gulden. Noch immer tragen viele öffentliche Häuser die Namen der Stifter, derer sie sich verdanken, in Deutschland beispielsweise das Museum August Kestner in Hannover, das Suermondt-Ludwig-Museum in Aachen oder das Von der Heydt-Museum in Wuppertal. Diese Sammler waren durchaus nicht immer Philanthropen; viele ließen sich ihre Selbstlosigkeit vergüten, mit Ehrenbürgerrechten oder

23 Zit. nach einem Auszug des 1898 erschienenen *A General Guide to the British Museum*, online verfügbar unter: {http://todayinsci.com/Events/Museums/BritishMuseumNaturalHistory1898.htm}.

Steuervorteilen. Manche nahmen auch Einfluss auf die Präsentation der Museen, indem sie sich verbindlich zusagen ließen, dass ihre Sammlung dauerhaft und geschlossen zu sehen sein würde. Manche forderten sogar, ihre Werke seien in einer von ihnen bestimmten Anordnung zu zeigen. Dass aber ein großer Sammler nicht die Öffentlichkeit suchte, nicht den Anschluss an die Prestige und Nachruhm sichernde Institution des Museums, kam recht selten vor. Erst das zunehmende Verlangen, die Macht über die Kunst nicht länger teilen zu wollen, führte am Beginn des 21. Jahrhunderts dazu, dass in den USA, in Asien, aber auch in Europa eine stark wachsende Zahl von Sammlern sich eigene, private Museen errichtete. Oft sind es in wenigen Jahren zusammengetragene Sammlungen, für die selbst das größte Loft sich rasch als zu klein erwies und außerdem als zu wenig repräsentativ. Anders als die vielen Kleinsammler, die mit ihrer Kunst wohnen und gerade den alltäglichen Blick auf sie zu schätzen wissen, zielen viele der Großsammler auch auf Statusgewinn. Dieses Ansehen wird auf einem größer werdenden Markt der Sammlungen durch beachtenswerte Kunstwerke, mehr aber noch durch ein eigenes Museum bestärkt. Manche verbinden auch beides, das Wohnen und das Repräsentieren, und richten sich in ihrer Sammlung häuslich ein, so etwa das Sammlerehepaar Boros in Berlin. Obwohl fast alle Privatmuseen sich nicht der Öffentlichkeit verschließen, demonstrieren sie doch stets eine besondere Form privater Herrschaft. Ein staatliches Museum überlässt dem Anspruch nach nicht einem Einzelnen die Entscheidung über Rang und Bedeutung eines Künstlers, einer Gattung, eines bestimmten Werkes, vielmehr baut es darauf, den Wert in einem öffentlichen Diskurs zu ermitteln. Der private Sammler mit eigenen Ausstellungshallen muss sich dieser Wertediskussion nicht unterziehen, er folgt seinen

Eingebungen, und je vermögender er ist, desto teurer dürfen diese Eingebungen sein. Er stellt den Privatgeschmack über den Allgemeingeschmack, und so können im besten Falle besonders gut durchdachte, besonders kompromisslos komponierte, besonders wagemutige Sammlungen entstehen. Doch offenbart sich die Besonderheit nicht weniger Privatmuseen vor allem darin, dass sie die Kunst instrumentalisieren – aus ökonomischem Kalkül und um eine eigene Vorstellung eines gelingenden Lebens zu propagieren.

Die Kunst als Zeichen ökonomischer Potenz

Sehr auffällig wird diese Art des Machtgebrauchs bei den erwähnten Sammlern Pinault und Arnault, zwei französischen Multimilliardären, die beide viel Geld im Segment der Luxuswaren verdienen und beide zudem den Kunstmarkt als eigenes Betätigungsfeld entdeckt haben. Das private Vergnügen und der geschäftliche Nutzen gehen bei diesen Sammlern nahtlos ineinander über, vor allem bei François Pinault, der seit 1998 das Auktionshaus Christie's sein Eigen nennt; der Jahresumsatz betrug 2013 rund 7,1 Milliarden Dollar. In Venedig betreibt er zwei gewaltige Museen in prominentester Lage, die er als eine Art Flagshipstore betrachtet. In gewisser Weise bewerben sie die Ware Kunst, damit sein Konzern weiter gut daran verdient. Auf der Internetseite von Pinaults Beteiligungsgesellschaft Artémis wird in der Rubrik »Our Investments« neben Gucci und dem Weingut Château Latour auch sein Museum Palazzo Grassi aufgeführt.[24]
Allerdings ist Pinault klug genug, jeden vordergründigen An-

24 Siehe die Website des Unternehmens: {www.groupeartemis.com/}.

schein der Warenförmigkeit zu vermeiden. Mit dem Umbau des Palazzo betraute er den hoch geachteten Architekten Tadao Ando; als erster Museumsdirektor fungierte kein Geringerer als der ehemalige Chef des Centre Pompidou in Paris und einstige französische Kulturminister Jean-Jacques Aillagon. Auch die Sammlung selbst setzt vor allem auf das Durchgesetzte, auf Künstler wie Andy Warhol, Urs Fischer, Jeff Wall oder Jeff Koons, deren Werke so oder ähnlich auch anderswo zu sehen sind. Ungewöhnlich mutet allenfalls das Selbstporträt an, mit dem Pinault den polnischen Künstler Piotr Uklański beauftragte: Es stellt den Sammler als schillernd bunten Piraten dar. Uklański hat ihn mit einer Wärmekamera fotografiert, er zeigt dessen Schädel auf schwarzem Grund, rötlich, gelblich, lila pulsierend, darunter zwei gekreuzte Knochen.

Tatsächlich hat Pinault in der Geschäftswelt den Ruf eines Radikalsanierers, der schon mal die Belegschaft einer Holzfabrik binnen kürzester Zeit von siebenhundert auf fünfundzwanzig dezimierte.[25] Von früh auf hat er sich durchgesetzt gegen die Experten und Kenner, hat es ohne Abitur und ohne Eliteuniversität nach ganz oben geschafft. Daher muss man sich Pinault als einen Herrscher vorstellen, der seine ökonomische Macht gerne auch auf dem symbolischen Terrain der Kunst demonstriert.

Kaum ein anderes Gebäude eignet sich besser, diesen Anspruch allen vor Augen zu führen, als Pinaults zweites Museum, das 2009 in der Dogana da Mar eröffnet wurde, der alten Zollstation Venedigs, die wie ein Schiffsbug ins Meer ragt, dem Dogenpalast gleich gegenüber. Hier hatte eine der

25 Uwe Schultz, »Paris hat das Nachsehen«, in: *Rheinischer Merkur* (07.07.2005), S. 21.

wichtigsten Einnahmequellen der Stadt ihr Quartier und sicherte Venedig so seine Macht. Heute wird in dem Bau, bekrönt von einer Fortuna-Statue und einer von zwei Atlanten getragenen Weltkugel, immer noch eine Art Zoll erhoben, wenn auch in einem anderen Sinne: Alle Künstler, die sich von Pinault einkaufen lassen, geben etwas ab von ihrer Reputation, sie repräsentieren nicht länger nur sich selbst, sondern auch den Dogen der Gegenwart. Die zweckfreie Kunst bekommt einen Zweck: als Herrschaftszeichen.

Bislang ist kein Fall bekannt, in dem ein Künstler sich öffentlich dagegen verwahrt hätte, im Reich der Luxusgüter dargeboten zu werden. Überdies protestierte niemand gegen Pinaults System der prompten Doppelverwertung, die das Museum wie einen Showroom aussehen lässt, wo das ausgestellt wird, was in ähnlicher Ausführung im angeschlossenen Auktionshaus ersteigert werden darf. Auch jene Kuratoren, die für Pinault arbeiten, unterstützen ein System der Kunst, in dem als wertvoll in erster Linie das gilt, was der Ideologie von Rendite und Macht entspricht. Und keinerlei ethische Vorbehalte haben offenkundig jene Journalisten, die sich von den Museen des Sammlers nach Venedig einladen lassen, um über die je aktuelle Ausstellung zu schreiben, und Pinault in seiner Mission bestärken.

Vermutlich unterbleiben Protest und Widerstand gegen das, was viele als Refeudalisierung begreifen,[26] vor allem deshalb, weil es an der nötigen ethischen Sensibilität mangelt. Man hat sich daran gewöhnt, dass die Machtverhältnisse in der Kunstwelt nicht länger die alten sind. Man nimmt es hin, dass jene

26 So etwa der Sammler Harald Falckenberg, »Die Refeudalisierung des Kunstmarktes«, in: *Kunstforum International* 38, Nr. 209 (2011), S. 162-173.

Sphäre, die sich lange mit einigem Pathos dem antifeudalen Anliegen verschrieb, den Menschen aus seiner Unmündigkeit zu befreien und humanistisch zu bilden, nun eingenommen wird, um auf eine moderne Weise Hof zu halten. Man hat sich damit arrangiert, dass private Sammler weit mehr Geld für die Kunst der Gegenwart ausgeben können als die staatlichen Häuser. Sie treiben die Preise in die Höhe, sie locken mit Schenkungen, sie ermöglichen den öffentlichen Museen so manche Sonderausstellung, sie beeinflussen mit ihren Geschmacksvorstellungen die Nachfrage, das Angebot und zu einem nicht geringen Teil auch die allgemeine Vorstellung dessen, was die globale, die vom Geld bestimmte Gegenwartskunst ausmacht.

Venedig ist zum bevorzugten Ort geworden, diese Macht- und Bedeutungsverschiebung zu zelebrieren. Hier treffen sich an den Eröffnungstagen der Kunstbiennale nicht nur Künstler, Kuratoren und Kritiker, hier versammeln sich auch die Mächtigen des Geldes. Manche entblöden sich nicht, ihre monströsen Yachten demonstrativ in Sichtweite des Ausstellungsgeländes zu vertäuen. Unbehelligt vom gemeinen Publikum, das erst Tage später Zutritt erhält, kann man hier seine Kennerschaft zur Schau stellen, Kontakte knüpfen, mögliche Käufe auf der kurz darauf stattfindenden Messe Art Basel anberaumen. Viele Unternehmen aus der Mode-, Parfum- und Schmuckbranche nutzen die Gelegenheit und laden zu Empfängen und Partys. Sie mieten sich ein in die alten Palazzi, Venedigs prachtvolle Kulisse einstiger Herrschaft nutzen sie für ihr umsatzsteigerndes Spiel mit Kunst und Kultur. Auch Pinault eröffnet regelmäßig an den Premierentagen eine frisch kuratierte Sonderausstellung und lädt zur exklusiven Vorbesichtigung.

Sein wohl wichtigster Konkurrent im Feld der Kunst und ebenso im Feld des Luxushandels, Bernard Arnault, hat an diesen Tagen keinen vergleichbar großen Auftritt zu bieten. Dafür ist ihm daheim in Paris etwas geglückt, das Pinaults Strategie noch übertrifft: Auch Arnault beteiligte sich für einige Zeit am Auktionshandel, doch verkaufte er seine Anteile an dem Auktionshaus Phillips wieder, um noch stärker in seine Sammlung zu investieren und sich ein eigenes Museum zu errichten, das in Europa größte und teuerste in privater Hand. Der Architekt Frank Gehry hat es in Paris errichtet, rund 140 Millionen Euro soll es gekostet haben; 2014 wurde es eröffnet, von François Hollande, dem Staatspräsidenten der französischen Republik. Das ist umso bemerkenswerter, weil das neue Museum nicht den Namen Arnaults trägt, sondern den der Modefirma Louis Vuitton, deren Stiftung es betreibt. Wird bei Pinault noch der Anschein gewahrt, als handele es sich um ein gewöhnliches, nur der Kunst gewidmetes Ausstellungshaus, so ist bei Arnault die Symbiose von Geschäft und Kunst für jedermann sichtbar zum Programm geworden.

Der Architekt Gehry löst dieses Programm auf besonders hintersinnige Weise ein, wenngleich sich sein Bauwerk auf den ersten Blick jeder vordergründigen Indienstnahme zu entziehen scheint. Das Museumsgebäude verzichtet auf die alten Formeln der Herrschaft, ist nicht klassizistisch, nicht säulenbewehrt. Diese Architektur will nur spielen; gerade im Spiel aber wird deutlich, wie überlegen sie ist, was sie alles vermag und in sich vereint. Gehrys Museum wirkt wie eine Landschaft mit steilen weißen Glasklippen und einem breiten Bach, der als Kaskade anmutig ins Kellergeschoss herabspringt. Es gibt kleine Seen, eine lang gestreckte Grotte, dazu Palmen auf dem Dach. Jeder Besucher ist eingeladen, über Stege, Treppen und verwunschene Pfade diese zerklüftete Landschaft zu durchmessen, staunend über den raschen Wechsel der Perspektiven. Gehry nennt sein Gebäude eine Wolke, wahlweise auch eine Yacht, etliche Großmetaphern gehen hier auf Kollisionskurs, und eben darauf hat es der Architekt abgesehen. Er ordnet die Welt nicht, fasst sie nicht in vertraute Bilder, sondern jongliert mit Assoziationen und hofft auf die befreiende Wirkung des Durcheinanders.

Als Gehry noch jung und ein bekennender Sozialist war, mag es für ihn ein durchaus anarchisches Vorhaben gewesen sein, in einer verkehrten Welt mit verdrehten Bauten einen Freiraum der Selbstbesinnung zu schaffen. Er ließ sich anregen von seinen Künstlerfreunden in Los Angeles, die in wilden Collagen das Miteinander von *high* und *low* propagierten. Jetzt allerdings, da er für einen Privatmann ein öffentliches Haus entworfen hat, ein Museum, das nach einer Modemarke benannt ist, klingt das alte Versprechen eher bedrohlich. Denn was Arnault an diesem Architekten begeistert, ist zum einen das Spektakel der Form, die Fotogenität seiner Bauwerke, ihre Werbewirksamkeit. Zum anderen aber auch Gehrys Ideal der Vereinbarkeit.

Gehry bringt zusammen, was sonst oft getrennt liegt: die Intuition des Künstlers und die Ratio des Architekten, kindliche Spielfreude und Begeisterung für hochkomplexe Konstruktionen. Für seine Glasdächer verwendet er Holzstreben, ganz natürlich. Zugleich baut er reinstes Hightech, manche Materialien werden eigens für ihn entwickelt. In seinen Bauten versöhnen sich Tradition und Innovation, Kunst und Technik. Schöneres als diesen Geist der Versöhnung kann es für einen Herrscher wie Arnault kaum geben.

Er arbeitet mit seinen vielen Luxusmarken selbst daran, die alte Bedeutung der Dinge umzustülpen: Das Überflüssige soll notwendig, das Notwendige überflüssig erscheinen. Jeder Unterschied zwischen dem freien Künstler und produktgebundenen Designern gilt ihm als hinfällig. Richard Prince fertigt Gemälde, auf die er alberne Witze druckt, sie verkaufen sich für Millionen Dollar und werden in großen Museen gezeigt. Zugleich lässt Prince für Arnault im selben Look kostbare Handtaschen herstellen, ebenfalls mit albernen Witzen verziert, doch etwas weniger teuer. Dass es einen Unterschied zwischen modischer Konsumware und Kunst geben könnte, das haben Künstler wie er oft dementiert, sie meinten es als Provokation. Arnault macht aus ihrem Dementi, aus ihrer Provokation ein Geschäft.

Auch Kritik ist in diesem Markt der Allvereinbarkeit willkommen. So unterhält Arnault in der wichtigsten Filiale von Louis Vuitton eine Ausstellungshalle, oben unterm Dach. Dort darf beispielsweise die Kunstaktivistin Andrea Bowers einen feministischen Parcours aufbauen, er war zeitgleich zur Eröffnung des Arnault-Museums zu sehen. Unter anderem bastelte Bowers aus Louis-Vuitton-Verpackungen einen Schmetterling, der für die Rechte von Migranten werben sollte. Hatte der Besucher sich das angesehen, stieg er in einen von Ólafur Elíasson gestalteten Fahrstuhl, der die Ausstellungs- mit den Verkaufsräumen verbindet. Oben gibt es Kunst, unten bunte Taschen, Koffer, Kostüme, teure Flakons und während der Bowers-Ausstellung einen Bücherstand, an dem Fotobände angeboten wurden, die neueste feministische Theorie, dazu Bände von Mike Davis, dem bekannten Kapitalismuskritiker, und von Hans Haacke, der immer dagegen ankämpfte, dass die Kunst dem Geld unterworfen wird. Im Reiche des Bernard Arnault scheint es kein Entkommen zu

geben, er erweist sich als wahrer Souverän, ein Herrscher über Luxus und Luxuskritik gleichermaßen.
So tritt denn Arnault auch nicht nur als Sammler und Museumsbetreiber auf, er will die Kunst nicht als reine Privatsache inszenieren, vielmehr interessiert ihn abermals das Miteinander der Gegensätze, die ihm nicht als solche gelten. Daher betätigt er sich auch als Förderer öffentlicher Häuser, unter anderem sponsert er große Kunstausstellungen, etwa im Pariser Grand Palais. Dort ließ er zudem eine Schau für die ihm ebenfalls gehörende Marke Dior ausrichten, unter reger Anteilnahme von fünfzehn geladenen Künstlerinnen wie Shirin Neshat und Joana Vasconcelos.
Selbst die staatlichen Museen gehen nicht auf Distanz, um zumindest indirekt ihr Missfallen über diese Art des Imagetransfers zu bekunden. Im Gegenteil suchen manche sogar die Partnerschaft mit Arnault. Parallel zur Einweihung des neuen Museums zeigte das Centre Pompidou eine große Frank-Gehry-Retrospektive, auf Arnaults Anregung hin, gesponsert von dem Baukonzern Vinci, der das Museum errichtet hatte. Als Kuratorin trat Suzanne Pagé in die Dienste Arnaults, die zuvor am Musée d'Art Moderne de la Ville de Paris gearbeitet hatte. Und Künstler wie Sarah Morris oder Taryn Simon fanden sich bereit, das neue Haus, in dem Luxus- und Kunstwelt sich begegnen, mit eigens angefertigten Arbeiten, die von der Geschichte des Museums, seiner Entstehung, seinem Architekten erzählen, mit Bedeutung aufzuladen, nichts will ihnen daran fragwürdig vorkommen.
Es gehört offenkundig zum Wesen der Normalisierung, viele der alten Vorbehalte aufzuheben. Dass die Kunst im Angesicht des großen Geldes ihre tiefere Bestimmung verlieren könnte, dass sich Glamour und Ernsthaftigkeit ausschlössen, dass künstlerische Wahrhaftigkeit nicht instrumentalisiert

werden dürfe, dass es ein Irrglaube sei, mit den Mächtigen paktieren und ihnen zugleich die Stirn bieten zu können, all diese lang gehegten Grundüberzeugungen verlieren an Verbindlichkeit. Paradoxerweise kann sich die Luxus- und Modewelt gerade deshalb für Künstler und die von ihnen verkörperten Werte besonders begeistern, weil sie weiterhin als unbestechlich gelten, als Überzeugungstäter, ungebändigt und losgelöst von allen marktstrategischen Erwägungen. Es ist dieses Prinzip der geistigen Freiheit, das mittlerweile viele Modekonzerne dazu veranlasst, Künstler zu fördern und mit gut dotierten Aufträgen zu versehen. Der Frankfurter Museumsdirektor Max Hollein hält die Unternehmen bereits für die »Medici von heute« und meint, sie seien »ein zentraler Faktor in der Rezeption zeitgenössischer Kunst geworden«.[27] Ob Gucci, Prada oder Hermès, die Inhaber unterhalten eigene Museen, bauen Sammlungen auf, und selbst bekannte Künstler wie Daniel Buren gestalten bereitwillig ein Halstuch und nennen es Kunst. Cindy Sherman und Comme des Garçons, Hans-Peter Feldmann und Hermès – noch die integersten Künstler gehen eine Partnerschaft mit dem Glamour ein.

Selbst das Unterhemd erscheint als Emanzipationsprojekt

Gebraucht werden die Künstler oftmals als Reputationsbeschaffer und Bedeutungsgaranten. Warum sich erstaunlich viele Künstler dafür nicht zu schade sind, mag ganz banale

27 Max Hollein, »Mittler zwischen Kultur und Kommerz«, in: *Bilanz*, online verfügbar unter: {http://www.bilanz-magazin.de/kolumnen/mittler-zwischen-kultur-und-kommerz/}.

Gründe haben; es lockt das Geld, es locken Glanz und Ruhm, und wenn sich öffentliche Museen mit der Finanzierung ungewöhnlicher Kunstvorhaben schwertun, dann halten es viele schon aus pragmatischen Gründen für legitim, sich auf private Unterstützer einzulassen. Es kommt hinzu, dass sich manche Künstler durchaus geschmeichelt fühlen, ausgerechnet in den Sphären des Luxus noch einmal in ihrem alten Selbstverständnis als Ausnahmegestalten bestätigt zu werden. Auch wenn sie sich längst von den Idealen des Authentischen, Einmaligen und Ewigen verabschiedet haben, werden ihnen just diese von der Modewelt zugeschrieben und gelten als besonders kostbar und begehrenswert. Es sind Ideale, die kein Konzern auf Zuruf erzeugen könnte. Daher möchten die Unternehmen sie nach Möglichkeit mit den Künstlern teilen, nicht zuletzt in der Hoffnung, auf diese Weise ihre eigenen Produkte mit Glaubwürdigkeit ausstatten zu können.

Sogar einem Wäscheunternehmen wie Schiesser kommt es daher hilfreich und angemessen vor, ein Doppelrippunterhemd für Herren künstlerisch aufwerten zu lassen. Das Unternehmen lud 2012 zehn namhafte Künstler dazu ein, dem üblicherweise verdeckt getragenen Kleidungsstück zu markanter Sichtbarkeit und einem neuen Image zu verhelfen. Tobias Rehberger, Marc Brandenburg, Monica Bonvicini oder Thomas Zipp ließen sich nicht lange bitte, entwarfen mal bunte Muster, launige Streifen oder auch einen Totenschädel und stellten sich außerdem für den Prospekt als Models zur Verfügung, bekleidet mit einem weißen, ungestalteten Schiesser-Unterhemd. Vertrieben werden die von den Künstlern bearbeiteten Hemden als »limitierte Sonderedition« für einen Stückpreis von 129 Euro. In gehobenen Kaufhäusern wurden Fotografien der Sonderstücke im Stile einer aufwändigen Kunstausstellung dargeboten, und Schiesser rühmte sich der

Inszenierung als eines »Kunst und Mode überschreitenden Werks«.[28]

Aufschlussreich an dieser »Artists for Revival« betitelten Unternehmung ist vor allem der enorme rhetorische Aufwand, der im begleitenden Prospekt getrieben wird. Dort erläutert der Konzern sein Selbstverständnis und damit auch, warum er Kunst und Künstlern eine besondere Bedeutung zumisst. »Mit Neugier und Entdeckungslust«, heißt es dort, »mit Innovation und höchster Qualität kleiden wir lebenshungrige Individualisten und Pioniere, die selbstbewusst und wagemutig in die Zukunft vorausgehen.« Zugleich, das ist dem Unternehmen wichtig, brauche man »Halt und Orientierung, um sich neu erfinden zu können«. Eingelöst werde diese gleichermaßen zukunftsoffene wie herkunftsverbundene Haltung durch die Schiesser Revival Linie, die »zeitlose Entwürfe mit ganz und gar zeitgenössischer Gestaltung« verbinde und so »bleibende Werte für die Zukunft« schaffe. Eingeladen habe man Künstler, die diese »Maximen und Vision teilen«.

Freigiebig bedient sich Schiesser im angestammten Repertoire des Künstlerlobs. Kunst und Ästhetik, so heißt es, böten »beim Aufspüren neuer Wirklichkeiten fantastische Erkenntnismöglichkeiten«. Sie übersprängen »Vergangenheit und Gegenwart und zeigen uns die Zukunft«. Suggeriert wird zudem, dass dem Träger eines künstlerisch gestalteten Unterhemdes diese Kräfte der Kunst zuwüchsen und ihm so behilflich seien, sich selbst neu zu erfinden. »Das ist unsere Einladung: REVIVE YOURSELF!«

Ein derartiges Zutrauen in die ästhetischen Mächte ist in Ga-

28 Siehe den Prospekt »Artists for Revival«, online verfügbar unter: {http://issuu.com/croome/docs/schiesser-artists-for-revival_ab/5}.

lerien und Museen nur noch selten zu vernehmen. Zwar wird auch dort gelegentlich eine realitätsverändernde Wirkung der Kunst beschworen, sie soll den Betrachter irritieren oder die Wirklichkeit radikal hinterfragen. Doch werden solche Formeln in der Regel als routinierter Kuratorenjargon abgetan. Hier hingegen, im Reich der Mode und des Marketings, darf und soll die Kunst noch etwas gelten. Hier partizipiert sie an einer überaus potenten Macht, die ungebrochen an sie glaubt und in ihr noch immer eine Verheißung sieht. Hier vermag eine sonst in ihrem Sein und Sollen verunsicherte Kunst noch einmal zu erfahren, wofür sie gebraucht wird und was sie kann. Dankbar nehmen zahlreiche Künstler dieses Angebot der Klarheit an.

Manche mögen darin sogar ein fortschrittliches Moment erkennen, gehört es doch spätestens seit den sechziger Jahren zu den selbst gesetzten Zielen vieler Künstler, das vermeintlich elitäre Museum zu verlassen und die ästhetische Wirklichkeit des Alltags für sich zu erobern. Unter dem Stichwort »Entgrenzung« ging es lange Zeit darum, *high culture* mit *low culture* zu vereinen. Design, Werbung, Mode, Kino und Fernsehen, die ganze Welt der Unterhaltung wurden nun nicht mehr als mindere Sphären der Gestaltungskultur angesehen. In gewisser Weise folgten auch die Museen diesem Credo, indem sie sich für Rockkonzerte öffneten oder Modeschöpfern eine Ausstellung ausrichteten. Der Prinzipienlosigkeit des *anything goes* folgend, löste man sich von vielen Traditionen und erklärte die Verschmelzung der vormals getrennten Sphären zum produktiven, ja emanzipatorischen Ereignis.

Allerdings erschien dieses Credo nur glaubwürdig, solange sich eine deutliche Differenz zwischen Hoch- und Populärkultur ausmachen ließ. Waren es anfangs die Künstler, die sich von Werbung, Design und dem Unterhaltungskino inspirieren ließen, so den Spielraum ihrer Kunst erweiterten und zugleich ihre Allzuständigkeit unter Beweis stellten, drehten sich die Verhältnisse alsbald um. Nun begann *low* auf *high* zuzugreifen, und die anfänglich bereichernde Bewegung der Kunst heraus aus den üblichen Gefilden der Stile und Sujets wurde mit einem Mal von ökonomischen Interessen durchzogen. »Solange die Postmoderne ein *Prozess* war, blieb ihre kritische Seite stark. Hippies *wurden* Manager, Manager *wurden* Hippies. Trash *wurde* Kunst, Kunst *wurde* Trash. Highlow stand für soziale Mobilität, für die Dynamik und Vitalität des Westens. Genau mit dieser kritischen Kraft als Prozess ist es seit grob zwei Dekaden vorbei«, schreibt der Kunsttheoretiker Jörg Scheller.[29] »Wenn die Mächtigen heute mit dem Subalternen, der Gegenkultur oder dem Habitus der Avantgarden flirten, ist es schwer zu unterscheiden, ob tatsächlich Wille zur Differenz oder bloße Affirmation durch Verbrämung dahinterstecken.«[30]

So haben sich auch in dieser Hinsicht die Machtverhältnisse gewandelt: Galt es lange als vornehmste Aufgabe einer aufklärerischen Kunst, die gesellschaftlichen Verhältnisse in Wirtschaft und Gesellschaft zu problematisieren, so ist es nun oftmals umgekehrt, und die ökonomisch bestimmte Konsumkultur wirft ein erhellendes Licht auf den Zustand

29 Jörg Scheller, »High Trash und das Avantgardeske. Warum Rhetorik und Habitus der Postmoderne heute bereits anachronistisch wirken«, in: Johannes M. Hedinger und Thorsten Meyer (Hg.), *What's next? Kunst nach der Krise*, Berlin 2013, online verfügbar unter: {http://www.pop-zeitschrift.de/2014/04/13/high-trash-und-das-avantgardeskewarum-rhetorik-und-habitus-der-postmoderne-heute-bereits-anachronistisch-wirkenvon-jorg-scheller13-4-2014/}.

30 Ebd.

der Kunst. Sie mag keine Berührungsängste, keine Hemmschwellen, auch keine innere Haltung mehr kennen, die sie davon abhalten könnte, als Promoter eines elitären Lebensstils aufzutreten. Nicht zuletzt deshalb hat sich neben der Mode- und Designbranche seit der Jahrhundertwende auch die Autoindustrie verstärkt den Künstlern und ihren Werken zugewandt, und insbesondere in ihren Werbekampagnen wird deutlich, wie eng Trivialisierung und Nobilitierung mittlerweile beieinanderliegen.

Eine neue Wertegemeinschaft entsteht

So setzt etwa der Sportwagenhersteller Aston Martin zahlreiche bekannte Künstler gemeinsam mit seinen Automobilen in Szene. Anselm Kiefer ist dabei, der dafür gelobt wird, die »Dualität visuell machtvoller Bilder mit einer intellektuell kritischen Analyse« auszubalancieren. Tony Cragg ist vertreten, von dem behauptet wird, er kümmere sich vor allem um Fragen »der Humanität, ihrer Ausrichtung, des Lebens auf unserem Planeten und dessen künftiger Entwicklung«. Über Lawrence Weiner heißt es, er fordere die »traditionellen Vorstellungen von der Natur der Kunst« heraus. Stets wird dabei auf sorgsam arrangierten Fotografien die ideelle Nähe der künstlerischen Arbeiten und verschiedener Modelle von Aston Martin betont. Bei Rebecca Horn zieht das Auto sogar ins Museum ein, um dort neben ihrer Skulptur *Treppenspirale* wie ein eigenständiges Kunstwerk zu posieren. Die Zusammenschau der Automobile, so heißt es auf der zugehörigen Internetseite, mit den »Schöpfungen einiger der weltweit talentiertesten Künstler der Gegenwart« münde in ein »völlig neues Kunstwerk mit einer einzigartigen kreativen Span-

nung«.[31] Für 3950 Euro sind die gesammelten Bilder der Kampagne in Buchform als limitierte Collector Edition erhältlich.
Befördert wird diese Nähe von Konzern- und Künstlerinteressen durch große Museen, die sich von Unternehmen wie BMW oder Volkswagen unterstützen lassen. Auch in dieser Zusammenarbeit wird stets hervorgehoben, wie ähnlich sich die Anliegen der beiden Sphären seien. So sagt Glenn Lowry, der Direktor des Museum of Modern Art in New York: »Die Frage ist natürlich, welche Interessen teilen wir, welche Werte teilen wir. Und dann ist es ganz offensichtlich, dass wir uns beide für Design interessieren, dass Innovation ein sehr wichtiges Kriterium sowohl für unser Museum als auch für Volkswagen ist. Und wenn man dann gewisse Werte teilt, dann hat man schon gewisse Gemeinsamkeiten.«[32]
Diese Wertegemeinschaft, von der Lowry spricht, bemühte auch der Konzern Audi, als er 2009 zur »Weltpremiere des neuen Audi A8 in Miami« einlud.[33] Eigens hatte dafür der Kunstberater Helge Achenbach mit seiner Firma ein künstlerisches Programm entwickelt, parallel zur Kunstmesse Art Basel. Gleißend erstrahlte das neue Automodell in der Mitte des Ausstellungsraums, während rundum Gemälde und

31 Die Zitate stammen aus den kurzen Beschreibungen der Künstler und ihrer Werke für Aston Martin, online verfügbar unter: {http://www.astonmartinartcollection.com/meets-art.html}.

32 »Kontemplation und Besuchermassen«, Glenn Lowry im Gespräch mit Britta Bürger, in: *Deutschlandradio Kultur* (30.05.2014), online verfügbar unter: {http://www.deutschlandradiokultur.de/kunst-kontemplation-und-besuchermassen.954.de.html?dram:article_id=287827}.

33 Siehe die Projektbeschreibung für die Weltpremiere des neuen Audi A8 auf der Website von Achenbach-Art-Consulting: {www.achenbach-art-consulting.com/index.php?id=44}.

Skulpturen präsentiert wurden, allesamt der Sammlung von Mera und Donald Rubell entliehen. So wie der Konzern besäßen auch die beiden Sammler ein dezidiertes Interesse an Fortschritt und Innovation. Sie erklärten, dass sich Technik und Kunst ihrem Wesen nach nahe seien und wie dankbar man daher dem Unternehmen sein müsse, das diese Verwandtschaft erkannt habe und entsprechend pflege: »Als innovativer Automobil-Pionier erkennt Audi an, dass es wissenschaftlichen und technologischen Fortschritt ohne die Entwicklungen in der Kunst nicht geben kann.«[34]

Im Anschluss an die Ausstellung in Miami folgte eine sogenannte Präsentations-Tournee durch acht Städte, bei der unter dem Titel »The Art of Progress« zahlreiche Werke von Neo Rauch, Andreas Gursky oder Jonathan Meese zu sehen waren, wiederum im Zusammenklang mit dem Automodell A8. Obwohl sich das hegelianische Fortschrittsnarrativ im Feld der Künste spätestens seit dem Beginn der Postmoderne ad absurdum geführt hat, konnte hier noch einmal eine Zukunftsgeschichte unterbreitet werden, in der den Künstlern ihre angestammte Rolle als Seismografen kommender Entwicklungen zufällt. Hier hält man noch auf jene Tugenden, die sich den einstigen Avantgarden verdanken, hier hofft man auf unkorrumpierbare, nicht käufliche Künstler – und dass man ihnen aus Vermarktungsgründen die Unkäuflichkeit abkauft, mag niemanden stören.[35]

34 »Weltpremiere des neuen Audi A8 in Miami«, Pressemitteilung von Audi MediaServices (27. 11. 2009), online verfügbar unter: {https://www.audi-mediaservices.com/publish/ms/content/de/public/pressemitteilungen/2009/11/27/weltpremiere_des_neuen.html}.

35 So wird etwa Ólafur Elíasson bescheinigt, dass er trotz seines Engagements für BMW absolut eigenständig agiere: »In Abweisung jeder institutionellen Umarmung öffnet sich dieser Künstler als Einzelner der ganzen

Doch wenn Künstler wie Jeff Koons oder David Lynch sich von Dom Pérignon dafür engagieren lassen, eine besonders teure Flasche Champagner zu gestalten; wenn Ed Ruscha, Douglas Gordon oder Rosemarie Trockel bereitwillig einen Beitrag zur Absolut Art Collection leisten, indem sie Wodka-Flaschen zu einer Art Kunstwerk veredeln; wenn Quisqueya Henríquez für die sogenannte Art Initiative des Zigarrenherstellers Davidoff exklusive Limited Art Edition cigar boxes gestaltet und damit den Eindruck erweckt, bei der Rauchware handele es sich im Grunde auch um Kunstwerke – dann zehren die Künstler allesamt von einer Ressource, die sich bereits zu großen Teilen verbraucht hat. Ihr Ethos mag bestimmt sein von dem Glauben daran, dass die Kunst alles kann und darf, ohne dass ihr Wesen je Schaden nimmt. Ihr Handeln aber befördert lediglich einen Nimbus des Extraordinären, des Elitären und in einem konsumistischen Sinne Exklusiven. Das gute Leben, das so in ihren Werken aufgerufen wird, ist ein Leben mit teuren Taschen, teuren Autos, teuren Schuhen, teuren Spirituosen und Zigarren. Es ist das Leben der Vermögenden, ein von Statussymbolen bestimmtes Dasein. Die Freude am Äußerlichen prägt die Ethik dieser Ästhetik.

Welt und sucht auf romantische Art nichts Geringeres als eine neue Verbindung mit dem Leben« (BMW News, »Das 16. Art Car – Ólafur Elíasson verwandelt das Wasserstoff-Rekordfahrzeug BMW H2R in ein Mobi«, online verfügbar unter: {http://www.motor-talk.de/news/das-16-bmw-art-car-olafur-eliasson-verwandelt-das-wasserstoff-rekordfahrzeug-bmw-h2r-in-ein-mobi-t774463.html}).

Gibt es Grenzen der politischen Instrumentalisierung?

Was es bedeutet, wenn sich in der Kunstwelt die Machtverhältnisse verschieben, wird besonders deutlich, sobald nicht nur ökonomische, repräsentative oder ästhetische Interessen berührt sind, sondern auch normative Fragen nach dem politischen Selbstverständnis ins Spiel kommen. Wie reagieren Kuratoren, wie Künstler, wenn die Kunst zum Vehikel deutlich formulierter Nebenabsichten werden soll? In den USA beispielsweise regte sich 2014 öffentlicher Protest, als das Metropolitan Museum of Art in New York eine große Spende des Multimilliardärs David H. Koch annahm, dessen Familie zu den Hauptunterstützern der rechtskonservativen Tea-Party-Bewegung gehört. Zum Dank für seine Geldgabe verewigte das Museum Kochs Namen auf einem Vorplatz. »Leute, die schmutzige Politik betreiben«, so kommentierte Okwui Enwezor diesen Vorgang, »benutzen die Kultur, um die Hässlichkeit ihres Tuns zu überdecken.«[36]

In Deutschland wurde über die ethisch-politischen Aspekte des Kunstbetriebs besonders kontrovers diskutiert, als 2003 der Sammler Friedrich Christian Flick einige Teile seines Kunstbestandes an die Staatlichen Museen zu Berlin verleihen wollte und diese sich im Gegenzug bereit erklärten, eigens dafür das Museum Hamburger Bahnhof umzubauen und zu erweitern. Es entzündete sich eine ethische Debatte darüber, welche Verantwortung eigentlich Kuratoren und Künstler tragen. Weil die Staatlichen Museen selbst nicht über genug Geld verfügten, um einen umfangreichen Bestand jüngerer Kunst zusammenzutragen, waren sie auf private Leihgaben angewiesen und zeigten sich privaten Sammlern gegen-

36 Enwezor, »Die dünne Haut der Blase«.

über sehr aufgeschlossen. So auch als Flick, der in Zürich mit einem geplanten Museumsbau gescheitert war, auf sie zukam. Der Protest ließ nicht lange auf sich warten, verdankt doch der Sammler sein Vermögen in großen Teilen dem Flick-Konzern, gegründet von Friedrich Flick. Dieser war mit Rüstungsfabriken zu Reichtum gelangt und für die Ausbeutung von etwa 40 000 Kriegsgefangenen und KZ-Häftlingen während des Nationalsozialismus verantwortlich, ohne dass er nach dem Krieg seine Verbrechen bereut hätte noch bereit gewesen wäre, die Opfer zu entschädigen. Auch der Erbe und Sammler Friedrich Christian Flick weigerte sich, in den Entschädigungsfonds für Zwangs- und Sklavenarbeiter einzuzahlen. In einem offenen Brief warf ihm Salomon Korn, der damalige Vizepräsident des Zentralrats der Juden, vor, seine Kunstsammlung stamme »mittelbar aus jenen Quellen, aus denen ursprünglich das Blutgeld Ihres Großvaters sprudelte«.[37]

Vor allem aus diesem Grund sei es, so das Urteil vieler Kritiker, für ein staatliches Museum moralisch untragbar, die Kunst des Sammlers Flick auszustellen. Zumal dieser öffentlich kundgetan hatte, er wolle die Kunst auch deshalb unter seinem Namen in der deutschen Hauptstadt darbieten, um der »dunklen Seite meiner Familiengeschichte eine hellere« hinzuzufügen.[38] Von Ablasshandel war die Rede, auch von einer staatlich unterstützten Normalisierungspolitik. Die Mu-

37 Offener Brief von Salomon Korn an Friedrich Christian Flick vom 17.05.2004, online verfügbar unter: {www.hagalil.com/archiv/2004/05/flick.htm}.

38 Zit. nach Gabriela Walde und Uta Baier, »›Die Enkel haben kein Blut an den Händen‹«, in: *Die Welt* (17.05.2004), online verfügbar unter: {http://www.welt.de/print-welt/article314203/Die-Enkel-haben-kein-Blut-an-den-Haenden.html}.

seen aber und auch die politisch Verantwortlichen wiesen alle moralischen Einwände zurück. »Wir wollen Kunst und Politik klar voneinander trennen«, sagte der Kurator des Museums, Eugen Blume. Der damalige Regierende Bürgermeister von Berlin, Klaus Wowereit, wünschte sich eine Versöhnung mit der Geschichte, damit die »Verknüpfung der gesammelten Kunst mit der Geschichte des Sammlers inhaltlich aufgehoben werden kann«.[39]

Die Künstler, die in Flicks Sammlung mit Werken vertreten sind, hielten sich in der aufgeladenen Diskussion lange Zeit zurück, erst auf dezidierte Nachfrage mochten sich einige äußern. Der Fotograf Thomas Struth warf dem Sammler vor, er instrumentalisiere die Künstler und ihre Kunst, eine bestimmte Lesart werde vorgegeben: »Wenn Herr Flick sagt, dass er mit der Präsentation der Kunst in Berlin die Geschichte seiner Familie aufhellen will, fühle ich mich vereinnahmt. Die gestische und symbolische Kraft der Kunst soll da unter einen Deckmantel gerückt werden, der inhaltlich verfälscht.«[40] Tatsächlich kam es dann manchen Kritikern geradezu zynisch vor, dass ein Bild von Martin Kippenberger mit dem Titel *Ich kann beim besten Willen kein Hakenkreuz entdecken* in die Eröffnungsausstellung aufgenommen wurde, denn im Kontext der Sammlung konnte leicht der Eindruck entstehen, als benutze der Sammler dieses Kunstwerk, um die vorangegangene Debatte zu kommentieren.

Aus den Äußerungen der Künstler ging aber auch hervor,

39 Hanno Rauterberg, »Kunst mit Nebenansicht«, in: *Die Zeit* (08.04.2004), online verfügbar unter: {www.zeit.de/2004/16/Flick_Collection/}.

40 Diese und die folgenden Künstleräußerungen zit. nach: Hanno Rauterberg, »Wie viel Moral braucht die Kunst?«, in: *Die Zeit* (16.09.2004), online verfügbar unter: {http://www.zeit.de/2004/39/FlickK_9fnstler}.

dass über den Berliner Fall hinaus manche die sich abzeichnende Machtverteilung in der Kunstwelt mit einiger Skepsis betrachten. So sagte der Bildhauer Thomas Huber: »Die Museen verlieren ihr inhaltliches Mitspracherecht. Früher bestimmten die Museumsdirektoren, welches einzelne Kunstwerk es wert ist, im Museum aufgenommen zu werden. Heute überrollt das Konvolut der Sammlung das Museum. [...] Einige Sammler, ihre Galeristen und unterwürfige Kulturbeamte sind zu einem Machtpol geworden, der ein ganzes Milieu neu definiert. Und hier fängt es an, unangenehm zu werden.« Der Videokünstler Marcel Odenbach mahnte denn auch die moralische Mitverantwortung der Künstler an: »Es ist ja stark in Mode, kritische Kunst zu machen. Wenn es aber mal darum geht, dass nicht nur die Kunst, sondern auch der Künstler kritisch sein sollte, ist von kaum jemandem etwas zu vernehmen. Die meisten wollen es sich halt mit niemandem verderben und meinen, sie seien ja ohnehin nur die wehrlosen Opfer des Marktes. Doch das stimmt nicht.«

Künstler können sich gegen Vereinnahmung wehren

Tatsächlich versuchen einige Künstler, aktiv den Vertrieb ihrer Werke zu beeinflussen. Wenn ein Sammler »üble politische Interessen« vertrete, erzählte Wolfgang Tillmans, dann verkaufe er nicht an diesen; der Sammler Charles Saatchi etwa, der »Lügenkampagnen für die Tories gemacht hat und heute mit Kunst spekuliert und Künstlerkarrieren manipuliert«, erhalte keine Fotografien von ihm. Ähnlich äußerte sich in einem späteren Interview Hans Haacke, der in etlichen seiner Werke die Abhängigkeitsverhältnisse in der Kunstwelt thematisiert hat. Er sage seinen Galeristen, »dass ich nicht auf Messen in Basel oder Miami vertreten sein möchte. Außerdem schließe ich stets einen Vertrag mit dem Käufer ab. Bei einem Weiterverkauf der Arbeit werde ich demzufolge beteiligt, wenn mit Gewinn verkauft wird. Und ich behalte mir ein Vetorecht vor, wenn die Arbeit in einem nichtprivaten Rahmen gezeigt werden soll.«[41] Dass ein Kunstwerk in seiner Rezeption von dem Rahmen abhänge, in dem es gezeigt und zugänglich gemacht wird, dass also einzelne Bilder oder Skulpturen für unlautere Zwecke missbraucht werden können, weil ihnen eine andere als die beabsichtigte Aussage oder Funktion beigefügt oder untergeschoben werde, in dieser Einschätzung sind sich viele Künstler einig.

Allerdings erweist sich die ethische Entschiedenheit, mit der Haacke oder Tillmans die Vermarktung ihrer Kunst zu kontrollieren versuchen, eher als Ausnahme. Im Falle Flick kritisierten zahlreiche Künstler die Steuerflucht, die mangelnde politisch-moralische Sensibilität, die Vereinnahmung ihrer Kunst, die Knebelung des öffentlichen Museums. In vielen anderen Fällen aber weicht der Unmut nicht selten einer stillen Übereinkunft. Manchmal ignorieren Künstler schlicht, auf wessen Kosten und mit wessen Geld sie sich ehren oder für eine Auftragsarbeit engagieren lassen. Sie sehen darüber hinweg, für welche Werte ihre Kunst einstehen soll und welche politischen Implikationen damit möglicherweise einhergehen.

Im Grunde müsste gerade die neue Zugänglichkeit vieler Künstler, ihre Bereitschaft, die Interessen anderer ins Kalkül zu ziehen, dazu führen, dass Debatten wie die im Streit um die Flick Collection viel öfter geführt werden. Wäre die da-

41 »Kunst aus Ärger«, Hans Haacke im Gespräch, in: *Die Zeit* (16. 11. 2006), online verfügbar unter: {http://www.zeit.de/2006/47/Hans-Haacke}.

mals vorgetragene Kritik an der Rolle der Großsammler, ihrem Machtstreben und ihrer Moral ernst gemeint gewesen, ginge es also tatsächlich darum, neu auszuloten, wann Kooperation in Kollaboration umschlägt und wie sich die Instrumentalisierung der Kunst für ethisch unlautere Zwecke verhindern ließe, dann wäre Flick nur ein Fall von vielen.

Zweifel an Konzernen sind nicht die Zweifel der Kunst

Dann gäbe es beispielsweise einen Disput über Novartis, den Pharmakonzern, der die Neue Kunst bereits im Namen führt und sein Werksgelände in Basel sukzessive von angesehenen Architekten in einen Campus umwandeln ließ, in »eine Arbeitsumgebung, die schnellen Wissensaustausch, Zusammenarbeit und Innovation fördert«.[42] Auch der Kunst kommt dabei eine gewichtige Rolle zu, so wurden etwa Pedro Cabrita Reis, Richard Serra oder Laurie Anderson um Beiträge gebeten – während zugleich der Konzern immer wieder in die Schlagzeilen geriet und erhebliche Kritik auf sich zog. Um nur einige der erhobenen Vorwürfe zu nennen: Novartis handele zynisch und eigensüchtig (Tausende Entlassungen trotz Milliardengewinnen), schädige das Allgemeinwesen (Unterbindung günstigerer Arzneimittel), bespitzele systematisch seine Angestellten (Big Brother Award 2007 in der Kategorie Arbeitswelt), benachteilige weibliche Mitarbeiter (Verurteilung in den USA) und entlohne seine Führungsriege auf unmäßige Weise (geplante Abfindung für den langjährigen Prä-

42 So heißt es in der Selbstbeschreibung des Campus-Projekts von Novartis, online verfügbar unter: {http://www.novartis.ch/de/about-novartis/campus/campus-project.shtml}.

sidenten: gut 58 Millionen Euro). Weder den Architekten noch den Künstlern schienen diese und viele weitere Vorwürfe gegen eine Zusammenarbeit mit dem Unternehmen zu sprechen. Bereitwillig unterstützten sie Novartis dabei, sich als sogenannter Corporate Citizen zu präsentieren, als ein Verantwortung tragendes Mitglied der Gesellschaft, das nebenher auch als Sponsor etwa des Kunstmuseums Basel auftritt. Das kritische Bewusstsein bleibt Gewerkschaften, Umweltschützern, Gerichten überlassen – Zweifel am Konzern sind nicht die Zweifel der Kunst.

Auch hoch dotierte Preise werden vergeben, mit denen sich nicht allein Künstler, sondern auch jene Firmen schmücken, die sie ausschreiben, weil sie auf diese Weise ihre kulturelle Verantwortung demonstrieren. So hält es beispielsweise das Modeunternehmen Hugo Boss, das in Zusammenarbeit mit dem Guggenheim Museum in New York alle zwei Jahre einen Künstlerpreis ausschreibt, dotiert mit 100 000 Euro. Einflussreiche Künstler haben ihn angenommen, Paul Chan, Tacita Dean oder Pierre Huyghe, andere waren zumindest unter den Nominierten, wie Tino Sehgal oder Christoph Büchel, und keiner bezog öffentlich Stellung zu der Kritik, die gegen Hugo Boss von unterschiedlicher Seite vorgebracht wurde: mal wegen ausbeuterischer Arbeitsbedingungen in bulgarischen oder türkischen Zulieferbetrieben, mal wegen der Beschäftigungsbedingungen für Näherinnen in Bangladesch, welche die Frauenrechtsaktivistin Gisela Burckhardt als »Zwangsarbeit« bezeichnete.[43] Auch aus diesen Gründen wurde Hugo Boss bislang nicht in den DETHIK 30 Index aufgenommen, einen Aktienindex, der wichtige renditestarke

43 Siehe das Interview in *Der Spiegel* vom 17. 11. 2014, online verfügbar unter: {http://www.spiegel.de/spiegel/print/d-130335563.html}.

Unternehmen umfasst, jedoch all jene durch einen eigens eingerichteten Ethikrat ausschließen lässt, die ihr Geschäft mit Rüstungsgütern, Atomenergie, Gentechnik oder Glücksspiel machen oder »durch Kontroversen im Bereich der Arbeits- und Menschenrechte auffallen«.[44] Die Frage nach dem ethisch Verantwortbaren hat also sogar die Börse erreicht, abgesehen von den zahllosen Agenturen, Aktionsgruppen und Nichtregierungsorganisationen, die sich darum bemühen, fragwürdige Geschäftspraktiken aufzudecken und die Konsumenten darüber zu informieren.

Obgleich aber viele Künstler selbst unterdessen als Unternehmer betrachtet werden, obgleich sie in gewisser Weise ebenfalls zu den Zulieferbetrieben gehören, obgleich sie nicht selten das Ideal der Aufklärung, der Sensibilisierung und geweiteten Wahrnehmung für sich und ihre Werke beanspruchen, erschiene der Kunstwelt wohl nichts absurder als sich selbst an einen Codex zu halten, der dem Aktienindex ähnelte. Ein solcher Schritt wäre, wie es sonst so oft über die Kunst heißt: verstörend.

Braucht die Kunst einen Verhaltenscodex?

Gäbe es einen Codex für Künstler, käme selbst dem Kunstpreis Finkenwerder ganz neue Beachtung zu, wird dieser doch vom Unternehmen Airbus mitbezahlt. Bislang haben

44 »Deutschland Ethik 30 Aktienindex – neues Barometer für die Kursentwicklung nachhaltigkeitsorientierter deutscher Unternehmen«, Presseinformation der oekom research AG vom 24.04.2014, online verfügbar unter: {http://www.oekom-research.com/index.php?content=presse mitteilung_24042014}.

Künstler wie Neo Rauch, Candida Höfer oder auch Daniel Richter, der gerne von seiner linksradikalen Vergangenheit berichtet, die 20 000 Euro Preisgeld angenommen, ohne zu wissen oder wissen zu wollen, dass Airbus einer der größten Rüstungskonzerne Europas ist, der mit Kampfflugzeugen, Lenkwaffen oder auch Trägerraketen für atomare Seestreitkräfte erhebliche Summen verdient. Ähnlich erginge es wohl dem Vattenfall Kunstpreis, der gemeinsam mit der Berlinischen Galerie ausgelobt wird und der von der Kunstszene bislang mit Wohlwollen oder auch Gleichmut wahrgenommen wurde. Anders reagierte die Literaturszene, in der offenbar ein ethisch empfindsameres Klima herrscht, so dass die Vattenfall Lesetage in Hamburg regelmäßig lautstarke Gegenwehr provozierten. Dem Konzern wurde seine Energiepolitik vorgeworfen; als Sponsor des Literaturfestivals wolle er »Greenwashing und Markenbranding« betreiben. Die Kuratorin des Unternehmens entgegnete, hier werde »auf dem Rücken der Kultur eine Diskussion geführt, die in die Energiedebatte gehört«. Darauf antworteten die Gegner, darunter viele bekannte Schriftsteller, die Kultur dürfe »keine Werbeveranstaltung für einen Atom- und Kohlestromgiganten sein«.[45] 2013 wurde die Kritik offenbar so mächtig, dass sich Vattenfall als Sponsor zurückzog und die Lesetage nach fünfzehn Jahren eingestellt wurden.

Was wäre, wenn sich bekannte Künstler das Argument der bekannten Schriftsteller zu eigen machten? Wenn auch sie zu der Auffassung gelangten, die Kunst dürfe keine Werbeveranstaltung sein für einen umstrittenen Stromkonzern oder

45 Christoph Twickel, »Ärger um ›Vattenfall Lesetag‹«, in: *Spiegel Online* (19.04.2013), online verfügbar unter: {http://www.spiegel.de/kultur/literatur/aerger-um-die-vattenfall-lesetage-in-hamburg-a-895432.html}.

auch für all jene großen Banken, die ihren Geschäften auf Kosten anderer nachgehen? Was wäre, wenn sie einen skandalumwitterten Chemiekonzern boykottierten, der mit Kunstankäufen den Anschein bürgerlicher Redlichkeit erweckt? So wurden dem Unternehmen Bayer immer wieder Umweltvergehen, Kriegsverbrechen und schwere Menschenrechtsverletzungen vorgeworfen; zugleich blickt es stolz auf sein Kulturhaus in Leverkusen, betreibt eine eigene Sammlung und lädt Kunststudenten ebenso wie etablierte Künstler zu Ausstellungen, beispielsweise unter dem anspielungsreichen Titel »Substanzieller Einfluss«. In der Schau wurde das Verhältnis von Kunst und Wissenschaft verhandelt; dieses sei, so heißt es in der Ankündigung, für Bayer »von besonderem Interesse und erweitert den Blick auf unser Leitmotiv ›Science for a better life‹«.[46] Hier ist es die Chemieindustrie, die ein besseres Leben verheißt; die Kunst wird bemüht, diese Verheißung möglichst glaubwürdig erscheinen zu lassen.

Ohne erkennbare Widerstände lassen sich Künstler auch für die Zwecke des Daimler-Konzerns gewinnen. Kritische Aktionäre fordern einen Exportstopp von Militärfahrzeugen und Panzertransportern in Krisen- und Kriegsgebiete, zugleich rühmt die Daimler Art Collection die Rolle der Kunst: Sie sei für den Konzern schon deshalb wertvoll, weil »die Kompetenzen künstlerischen Handelns z. B. in den Feldern Globalisierung, Identität und Wertedefinition das Spektrum der Problemlösungsmöglichkeiten innerhalb des Unternehmens erweitern«.[47] In diesem Sinne werden auch Wolfgang Tillmans oder Santiago Sierra, die für sich gewöhnlich in An-

46 Die Ankündigung ist online verfügbar unter: {http://www.kultur.bayer.de/de/referat-kunst.aspx}.

47 So heißt es in einem Text zur »Konzeption und Zielsetzung« der Daimler

spruch nehmen, politisch reflektiert zu handeln, vom Daimler-Konzern in Sachen Wertedefinition mit ihren Werken herangezogen.

Noch enger sind Ökonomie, Ethik und Ästhetik in Jena miteinander verbunden, wo Friedensaktivisten dagegen protestieren, dass der Konzern Jenoptik im Rüstungsgeschäft tätig ist und etwa Panzer so ausstattet, dass laut Eigenwerbung »eine hohe Erstschuss-Trefferwahrscheinlichkeit im Stand und aus der schnellen Fahrt heraus« möglich wird.[48] »Wir haben die besonderen Maßgaben des Militärs verinnerlicht.«[49] Mit ähnlichem Stolz blickt der Konzern auf seine Kunstsammlung und seine öffentlichen Ausstellungen, für die vor allem Künstler gewonnen werden, die wie Magdalena Jetelová für ihre Kunst einen Laserstrahl einsetzen, die sich wie Heinz Mack mit dem Licht und seiner Immaterialität befassen oder Jenoptik auf andere Weise nützlich vorkommen: »Die Auseinandersetzung mit Kunst eröffnet neue Ressourcen für die Firma und die Öffentlichkeit. Wir sehen daher die Notwendigkeit, der Kunst einen Raum zu schaffen. Mit unseren Aktivitäten bringen wir ihre identitätsstiftende Kraft und kreative Inspiration zur Entfaltung.«[50] Für das Werk der Stuttgarter Künstlerin rosalie wurden 2008 sogar eigens Inge-

Art Collection, online verfügbar unter: {http://art.daimler.com/sammlung/philosophie/}.

48 Siehe den kurzen Werbetext in der Kategorie »Richtantriebe für Waffensysteme« auf der Website des Unternehmens: {http://www.jenoptik.com/de_20098_gun_turret_drives}.

49 Siehe den kurzen Werbetext zur Verteidigungstechnik auf der Website des Unternehmens: {http://www.jenoptik.com/119E3EEB39DA12B6C12576BA003AE180}.

50 Siehe den kurzen Text »Unser Engagement für Kunst und Kultur« auf der Website des Unternehmens: {http://www.jenoptik.com/de-sponsoring-kunst-und-kultur}.

nieure freigestellt; es kam zu einer künstlerisch-technischen Kooperation mit Farbsensoren, die eine »bisher unerreichte Variationsbreite und Brillanz in der Wiedergabe der erwünschten Lichtfarben« ermöglichten.[51] Ob und auf welche Weise diese Sensoren auch für das Rüstungsgeschäft von Jenoptik verwendet werden konnten, ist nicht übermittelt.

Nun muss natürlich auch in der Zusammenarbeit von Künstlern und Konzernen stets neu ausgehandelt werden, was ethisch als richtig, was ästhetisch als angemessen gilt. Je unbestimmter aber die Bedeutung der Kunst erscheint, je seltener sie als eine Macht eigenen Rechts auftritt, je stärker sie sich zudem formal und inhaltlich in das Unternehmenskonzept einfügt, desto heikler wird es, wenn die Ästhetik sich in die Grenzregionen des ethisch Gebotenen begibt, ohne dies je öffentlich zu reflektieren. Man muss es nicht korrupt nennen und kann es doch eigentümlich finden, wenn Marina Abramović ihre viel bewunderte Konsequenz und Schonungslosigkeit an den Konzern Adidas verkauft, der für einen Werbespot ihre Performance *Work Relation* nachstellen lässt, wobei alle Teilnehmer in dreigestreiften Sportschuhen auftreten, ohne dass ein Wort über die Vorwürfe verloren würde, denen zufolge die Firma von Kinderarbeit profitiere. Man muss es auch nicht zynisch nennen und kann sich doch darüber wundern, wie Jörg Immendorff, der ehemalige Maoist und Kämpfer gegen das Establishment, sich darauf einließ, für den Springer-Konzern eine *Bild*-Bibel mit Goldprägung zu illustrieren. Die Kunst wirkt in solchen Fällen wie ein willfähriges Instrument der Herrschenden. Das Wohlergehen ihrer Auftraggeber und Sammler gerät in dieser Inszenierung zu ihrem primären Anliegen.

51 Mir, *Kunst Unternehmen Kunst*, S. 162f.

In gewisser Weise erinnert das an einen bekannten Ausspruch des amerikanischen Architekten Philip Johnson: »Ich bin eine Hure«, sagte er in einem Gespräch über seine Berufsmoral, denn »ich bin ein Künstler«. Selbst für Adolf Hitler oder Josef Stalin wäre er tätig geworden, auch »für den Teufel persönlich« hätte er ein Bauwerk errichtet.[52] Als bekennender Atheist übernahm er den Auftrag für eine Kirche und schien sich nicht dafür rechtfertigen zu müssen.

Tatsächlich wird in der Architektenschaft weit häufiger als in der Kunstwelt darüber gestritten, für welche Belange man sich einspannen lassen darf und wo die Grenzen der Verantwortung liegen. Spätestens seitdem Diktaturen wie China oder semiautoritäre Regime wie die Vereinigten Arabischen Emirate lukrative Aufträge vergeben, plädieren manche Architekten, unter ihnen Wolf Prix, Daniel Libeskind oder Christoph Ingenhoven, für einen Boykott solcher Staaten. Andere wie Albert Speer, dessen Vater Hitlers Generalbauinspektor war und der selbst ein erfolgreiches Architektenbüro in Frankfurt aufgebaut hat, sehen sich als neutrale Instanz. »Für unsere Aufgabe ist es egal, ob an der Spitze ein Diktator, ein Monarch oder eine demokratisch gewählte Regierung sitzt«, so lässt er sich vernehmen; er begreife sich und seine Kollegen vor allem als »Dienstleister«.[53] Speer hat unter

52 N. N., »Strahlender Diamant«, in: *Der Spiegel* (28.04.1980), online verfügbar unter: {http://www.spiegel.de/spiegel/print/d-14330629.html}.

53 Zit. nach *Horizonte. Zeitschrift für Architekturdiskurs* 1 (2010), S. 65, online verfügbar unter: {http://issuu.com/horizonte-architekturdiskurs/docs/horizonte-no1/85}.

anderem in Peking und Schanghai wichtige Pläne für die Stadtentwicklung erarbeitet.
Sein Kollege Meinhard von Gerkan vom Hamburger Büro gmp hatte sogar eines der wichtigsten Renommierprojekte der Volksrepublik übernommen, den Umbau des Chinesischen Nationalmuseums in Peking. Wie viele seiner Kollegen ist er von China schon deshalb angetan, weil sich dort die Arbeit nicht selten sehr viel unkomplizierter und großmaßstäblicher gestaltet. Anders als in westlichen Demokratien, wo selbst die Planung eines kleinen Stadtquartiers ein mühsamer Prozess ist, wo viel verhandelt und abgestimmt werden muss und am Ende immer der Kompromiss steht, bietet China die Chance, riesige Städte aus einem Guss zu errichten, und das binnen weniger Jahre. Menschenrechts- und sonstige Moralfragen fallen kaum ins Gewicht. Falls manche Architekten doch ein schlechtes Gewissen plagt angesichts der vielen Arbeitssklaven auf den Baustellen, den zahlreichen Hinrichtungen, die es in China gibt, der eingeschränkten Presse- und Meinungsfreiheit, dann beruhigen sie sich mit dem Argument, ihre Architektur helfe doch, das Land zu öffnen, befördere den kulturellen Austausch, einen Wandel durch Annäherung.
Lange gab ihnen die Wirklichkeit recht. Die Regierung in Peking demonstrierte vor den Olympischen Sommerspielen in Peking 2008 ihre Bereitschaft, sich nicht nur den wirtschaftlichen Verlockungen, sondern auch den kulturellen Werten des Westens zu öffnen. Sie engagierte viele jener Architekten, die sich auch in New York, München oder Paris großer Beliebtheit erfreuen. So konnten Rem Koolhaas und Ole Scheeren das Hochhaustor für das Staatsfernsehen CCTV planen; Jacques Herzog und Pierre de Meuron gestalteten das neue Olympiastadion; die Entwürfe für ein neues Konzert- und

Opernhaus lieferte Paul Andreu. Das Kalkül der Regierung war klar: Sie wollten sich mit der Avantgarde brüsten und ihre Weltoffenheit demonstrieren.

Dass damals auch der Auftrag für das Nationalmuseum an ein ausländisches Architekturbüro erging, wurde als gutes Zeichen interpretiert. Doch spätestens mit der Eröffnung 2011 stellte sich Ernüchterung ein. Die behauptete Öffnung war nur von kurzer Dauer, der Kurs der Angleichung wurde nach den Olympischen Spielen deutlich korrigiert. Dass Meinhard von Gerkan dennoch sein Engagement in Peking mit Nonchalance verteidigte, irritierte nicht wenige. »Weltfremd und unglaubwürdig« seien all jene Kollegen, die sich nicht auf chinesische Projekte einlassen mögen.[54]

Obwohl Architektur mehr sei als nur eine technische Dienstleistung, so von Gerkan, obwohl sie auch einen symbolischen Mehrwert verkörpere, würde er sich auch in Zukunft nicht scheuen, Symbolbauten im Auftrag der chinesischen Regierung zu errichten – und zwar deshalb, weil man die gesellschaftliche Rolle und Funktion seines Berufsstandes nicht überschätzen dürfe. »Die Handlungswirksamkeit eines Architekten ist beschränkt.«[55] Damit umschreibt er eine der beiden Grundhaltungen, die viele in China engagierte Architekturbüros beziehen. Entweder man hält architektonische Gestaltung ohnehin nur für eine letztlich unmaßgebliche Stilfrage, die keinerlei gesellschaftspolitische Relevanz besitzt – dann macht es keinen Unterschied, ob der Architekt einen Auftrag in China übernimmt oder nicht. Oder aber man räumt

54 »›Weltfremd und unglaubwürdig‹«, Interview mit Meinhard von Gerkan, in: *Der Spiegel* (11. 04. 2011), online verfügbar unter: {http://www.spiegel.de/spiegel/a-756259-2.html}.

55 Ebd.

der Architektur räumlich-künstlerische Wirkkräfte ein, die sich nicht in symbolischen Gesten erschöpfen, sondern auf eine eher subkutane und nur schwerlich kalkulierbare Weise die Menschen berührt und ihr Miteinander prägt. Wer diese Form von ästhetischer Erfahrung für möglich und wünschenswert hält, wird sich kaum rigoros gegen ein Engagement in China aussprechen können.

Wenn Museen mit der Macht paktieren

Auch die drei Direktoren deutscher Museen, die zur Eröffnung des Nationalmuseums angetreten waren, in Peking eine große Ausstellung zur Kunst der Aufklärung zu präsentieren, hatten sich auf die Kooperation mit den chinesischen Machthabern eingelassen, weil sie auf die verändernde Macht der gezeigten Bilder und Objekte hofften. Von vielen wurden die drei kritisiert, weil sie sich einbildeten, im Herzen der Diktatur einen Geist der Reflexion, gar der politischen Selbstbesinnung beschwören zu können. In Wahrheit sei die Ausstellung einer »Logik der Funktionäre« gefolgt, warfen die Kuratoren Roger Buergel und Ruth Noack den Ausstellungsleitern vor; diese hätten »ohne Not die kostbarste Errungenschaft des Westens« verschachert.[56] Weil das chinesische Regime unmittelbar nach der Ausstellungseröffnung den Künstler und Bürgerrechtler Ai Weiwei verhaftet und verschleppt

56 Roger M. Buergel und Ruth Noack, »Diese Ausstellung muss geschlossen werden«, in: *Frankfurter Allgemeine Zeitung* (12.04.2011), online verfügbar unter: {http://www.faz.net/aktuell/feuilleton/kunst/china-und-die-aufklaerung-diese-ausstellung-muss-geschlossen-werden-1626539.html}.

hatte, forderten Buergel und Noack, die Direktoren müssten handeln und ihre Schau schließen.

Ähnlich wie viele Künstler, die ignorieren, in welches ethische Dilemma sie sich im Bannkreis der Macht begeben, hatten offenbar auch die Museen die Bedeutung der Kunst über- und den Einfluss politischer Interessen unterschätzt. Seitdem sich der Export von Ausstellungen im ausgehenden 20. Jahrhundert zum Geschäft entwickelt hat und nicht wenige Direktoren für die von ihnen verantworteten Sammlungen werben, um möglichst viele Touristen anzulocken, halten es viele für richtig und geboten, selbst mit Potentaten zu verhandeln. Kunst und Kultur stoßen weltweit auf Interesse, politische Konflikte sollen auf Bühnen und in Ausstellungssälen umspielt, vielleicht sogar abgeschwächt werden. So lässt sich von Völkerverständigung schwärmen, ohne ökonomische Interessen verhehlen zu müssen.

Mit Vertretern des Emirats Dubai konnten die drei wichtigsten deutschen Museen ebenfalls eine Vereinbarung treffen, die Vertreter der Dresdner Sammlungen wurden zudem in Katar aktiv. Befragt nach ihren Motiven, sprachen die drei Direktoren von der gewachsenen internationalen Konkurrenz, auf die man reagieren müsse, auch wenn man in manchen Ausstellungen nicht vollkommen frei sei in seinem Programm, etwa Peter Paul Rubens »aufgrund der Fleischlichkeit der Darstellung« in den Emiraten nicht zeigen könne.[57]

In Frankreich war eigens eine Agence gegründet worden, geleitet von einem ehemaligen Diplomaten, um Kunst- und

57 »›Wir sind die heilige Allianz‹«, ein Gespräch mit Martin Roth, Peter-Klaus Schuster und Reinhold Baumstark, in: *Die Zeit* (09.08.2007), online verfügbar unter: {http://www.zeit.de/2007/32/Direktoren/komplettansicht}.

Wirtschaftspolitik zu vereinen und vor allem den arabischen Raum für sich einzunehmen. »Es ist nicht eine Entscheidung nur der Museen gewesen, sich dort zu präsentieren, sondern es hat sehr viel mit der Airbus-Industrie zu tun und vielem anderen mehr«, erklärte Reinhold Baumstark, einst Leiter der Bayerischen Staatsgemäldesammlungen.

Insbesondere das Emirat Abu Dhabi signalisierte seine Bereitschaft, viele Milliarden Euro in kulturelle Projekte zu investieren, um so die Tourismusindustrie zu stärken. Seit 2005 werden für Saadiyat Island, die künstlich aufgeschüttete, sogenannte Insel der Glückseligen, gleich mehrere große Ausstellungs- und Aufführungshäuser geplant, und sowohl die Guggenheim Stiftung aus New York als auch der Louvre in Paris willigten ein, auf der Insel große Dependancen zu eröffnen, gestaltet von den Architekten Frank Gehry und Jean Nouvel. Das British Museum in London unterstützt Abu Dhabi bei der Planung einer Ausstellungshalle für den ersten Präsidenten der Vereinigten Arabischen Emirate, Scheich Zayid bin Sultan Al Nahya. Dass es in diesen Ländern kein freies Wahlrecht gibt, keine Gewaltenteilung, keine Meinungsfreiheit, dass Frauen in ihren Rechten beschnitten sind, dass Bürgerrechtler willkürlich eingesperrt, gelegentlich gefoltert werden, das hält die Museen nicht davon ab, den eigenen Namen ebenso wie Exponate aus ihrer Sammlung herzuleihen. Allein Frankreich verdient mit seinem Engagement rund eine Milliarde Euro.

Profitierten die Museen lange von der Kolonial- und Kriegspolitik ihrer Staaten, ohne die ihre Sammlungen heute weit ärmer wären, so sind sie unterdessen dabei, eine Art freiwillige Neokolonialisierung zu unterstützen. Obwohl die neuen Ausstellungshäuser einen Schwerpunkt auf die Kunst des arabischen Raums legen werden, haben sie sich ja vor allem deshalb die bekannten Museen als Partner gesucht, weil man ihre westlich bestimmte Bedeutung schätzt und diese, einem globalen Markenprodukt ähnlich, wie ein Statussymbol nutzen möchte, um sich selbst Anerkennung zu verschaffen. Dass damit auch ein Wertetransfer einhergehen, dass die Neugier auf Demokratie und Menschenrechte geweckt werden könnte, darauf mögen die westlichen Museen zwar hoffen, gleichwohl nehmen sie es hin, dass auf den Baustellen ihrer Dependancen – und damit in ihrem Namen – manche Arbeiter sklavengleich behandelt werden.

Noch 2013 appellierte Barbara Lochbihler, Parlamentarierin im Europaparlament, eindringlich an die Museen, es nicht bei Lippenbekenntnissen zu belassen und sich endlich für menschenwürdige Arbeitsbedingungen einzusetzen. Auch mehrere Menschenrechtsorganisationen, Gewerkschaftsverbände und die Künstlerinitiative Gulf Labor klagten Ausbeutung und Missbrauch der Arbeiter an, doch der Louvre und das Guggenheim wiesen die meisten Vorwürfe als überzogen zurück. Verantwortlich seien zudem nicht sie, sondern die Vertragspartner in Abu Dhabi.[58] Forderungen nach einem Baustopp, gar nach einem Boykott verhallten ungehört. Die Museen trugen es mit, dass ein semidiktatorisches Regime sich ihrer bediente; sie exportierten Kultur, knüpften daran jedoch kein verbindliches ethisches Anliegen. Sie verhielten sich ähnlich wie der Weltfußballverband Fifa, der immer wieder dafür kritisiert wurde, dass er Menschenrechtsfragen ignoriere. Die Museen agierten, als hätte die Kunst

58 David Batty, »Conditions for Abu Dhabi's migrant workers ›shame the West‹«, in: *The Guardian* (22.12.2013), online verfügbar unter: {http://www.theguardian.com/world/2013/dec/22/abu-dhabi-migrant-workers-conditions-shame-west}.

keinerlei Bedeutung für das gute Leben und hätte sie nie gehabt.

Das kritische Bewusstsein und die Logik der Biennalen

Wenn es um Macht geht, um politische Konflikte, um ihre politische Rolle, dann reagieren die meisten Institutionen der Kunstwelt überaus stoisch. Vereinzelt mögen sie sich einem Protestaufruf anschließen, so war es etwa, als Ai Weiwei in Peking über Wochen gefangen gehalten wurde und nicht nur Künstler, sondern auch Museen und Galerien seine Freilassung forderten. Doch wirkte dieser Protest ebenso hilflos wie selbstgerecht, denn lange Unterschriftenlisten, Stoffbeutel mit der Aufschrift »Free Ai Weiwei«, wie sie auf der Biennale in Venedig verteilt wurden (und mit denen sich nicht zuletzt das Kunsthaus Bregenz, das sie herstellen ließ, selbst vermarktete), oder großformatige Plakate, wie sie etwa an der Tate Modern aufgehängt wurden, waren weniger dazu angetan, die chinesischen Sicherheitsbehörden zu beeindrucken als das eigene Milieu. Mit erheblichem Gratismut legte man sich ins Zeug und forderte dasselbe wie der deutsche Außenminister und die Bundeskanzlerin. Doch kam es den allermeisten Museen und Galerien nicht in den Sinn, die eigene Zusammenarbeit mit China zu überdenken. Ebenso ging der Handel der großen Auktionshäuser und Messen ungebrochen weiter.

Selbst Biennalen, die in der Regel für ein waches politisches Bewusstsein gelobt werden, erweisen sich oft als unwillig, die ethische Dimension ihrer ästhetischen Mission zu reflektieren. Fast immer reagieren sie, wenn überhaupt, nur träge auf Kritik von außen. So ließ sich die Biennale in Sydney über

Jahre von dem Großunternehmen Transfield mitfinanzieren, das nicht nur als Sponsor, sondern auch als Partner auftrat, zugleich aber einige Internierungslager vor Australiens Küste betreibt, in denen Flüchtlinge unter Bedingungen eingesperrt sind, die Inspektoren der UN als unsäglich, ja unmenschlich kritisierten. Nur weil etliche Künstler zum Boykott der Biennale aufriefen, sah sich die Ausstellungleitung am Ende genötigt, die Partnerschaft mit Transfield zu beenden. Auf der Istanbul-Biennale hingegen finden die Proteste kein Gehör; dort kritisieren manche, dass sich die Ausstellung zu sehr von Kapitalinteressen abhängig gemacht habe. Sie wird von einer Stiftung organisiert, die ihr Geld von einem Unternehmen erhält, das unter anderem umzäunte Einfamilienhausquartiere errichtet und also jene Gentrifizierung vorantreibt, gegen die wiederum Künstler auf der Biennale, beispielsweise Christoph Schäfer, protestieren. In solchen Fällen provoziert nicht Kunst die Wirklichkeit, hier provoziert die Wirklichkeit ihre Kunst. Und Ambivalenz, die eigentlich eine Stärke der Ästhetik sein könnte, durchzieht das normativ geprägte Unterfangen namens Ausstellung und stellt vor allem eines infrage: ihr Ethos und mithin ihre Glaubwürdigkeit.

Diese Glaubwürdigkeit beruhte lange auf der Vorstellung, die Museen und Kunsthallen seien unbestechlich, ließen sich leiten von einem ungetrübten Interesse an den Errungenschaften der Künstler, allein ihrem historischen Auftrag verpflichtet. Doch so wie sich Künstler einem neuen Auftragswesen öffnen, so experimentieren auch viele Ausstellungshäuser mit unerprobten Spielformen und Bündnissen und werden gewissermaßen zu Auftragsmuseen. Der südkoreanische Multimillionär Yoo Byung-eun konnte sich beispielsweise unter dem Künstlernamen Ahae in den Louvre einkaufen: 2012 wurden seine Naturfotografien in einem Pavillon in den Tuilerien gezeigt, 2013 in der Orangerie des Schlosses Versailles. Dem Louvre hatte er rund eine Million Euro gespendet; der Orangerie mit 1,4 Millionen Euro bei der Renovierung geholfen.[59] Bis dahin war Ahae in der Kunstwelt weithin unbekannt gewesen.

Die Museen berauben sich ihrer Freiheit

Ihre Strenge und Unnahbarkeit, auch die Autonomie, die so lange ihre Autorität ausmachte, haben die Museen längst abgelegt. Nun ist es fast schon zur Selbstverständlichkeit geworden, sich nach lukrativen Nebeneinnahmen umzuschauen und also auch Nebeninteressen zu verfolgen. Vielerorts wird die Kunst unhinterfragt zur Kulisse für Empfänge, Partys und Produktpräsentationen gemacht. Selbst die Sixtinische Kapelle des Vatikan, in der das Konklave der Papstwahl tagt, öffnete sich 2014 für ein Galadinner des Porsche-Konzerns.

Eine Ökonomisierung des Denkens und Handelns bestimmt unterdessen viele Museen. Sie legitimieren sich über ihren Erfolg, und Erfolg messen sie in der Regel an der Zahl der Besucher und an möglichen wirtschaftlichen Nebeneffekten. So hob etwa der Direktor der Hamburger Kunsthalle, Hubertus Gaßner, hervor, wie wichtig Kultur und damit auch sein Museum für die Stadt seien, um »als attraktiver Anziehungspunkt von der ›creative class‹ ebenso angesteuert zu werden wie von Touristen«. Stolz verwies er darauf, dass eine 2007

59 Bernard Hasquenoph, »Au Louvre, le naufrage du mécénat«, in: *Libération* (15.06.2014), online verfügbar unter: {http://www.liberation.fr/culture/2014/06/15/au-louvre-le-naufrage-du-mecenat_1041871}.

von ihm organisierte Ausstellung des Malers Caspar David Friedrich ein »beachtlicher Wirtschafts- und Imagefaktor für die Hansestadt« gewesen sei, das könne man schon daran erkennen, dass 8,4 Millionen Euro »an zusätzlichen Einnahmen für den Stadtstaat generiert« worden seien. Der Geschäftsführer der Hamburg Marketing GmbH, Thorsten Kausch, sprach von einem »interagierenden Imagetransfer« zwischen Museum und Stadt.[60]

Andernorts manifestiert sich das harmonische Miteinander von Markt- und Museumsinteressen in »projektbezogene[n] Zuwendungen«, die zur Finanzierung einer Ausstellung genutzt werden, auch wenn diese Mittel von einem potenten Sammler stammen, der selber Bilder als Leihgabe beisteuert und diesen museale Weihen verschaffen möchte. Einige öffentliche Häuser lassen sich auch von Galeristen unterstützen, wie im Falle von Anton Kern und Larry Gagosian, die 2014 im Kunstverein Freiburg die jüngste Produktion des Malers Mark Grotjahn präsentierten, praktischerweise parallel zur Messe in Basel. Dass die Leiterin des Kunstvereins dabei »zur bloßen Gastgeberin einer Verkaufsschau« werden könnte, befürchteten manche.[61] Sie selbst aber teilte diese Sorge offenbar nicht, denn auch andere bekannte Museen sind längst für diese Art der Kooperation zu haben, bezuschussen Katalogkosten oder die Herstellung eigens für die Ausstellung fabrizierter Werke.

Als 2006 in den Hamburger Deichtorhallen eine Retrospek-

60 Hamburger Kunsthalle (Hg.), *Kultur als Wirtschafts- und Imagefaktor. Die Caspar David Friedrich-Ausstellung in Hamburg*, Hamburg 2007.

61 Dietrich Roeschmann, »Der US-Malerstar Mark Grotjahn im Kunstverein Freiburg«, in: *Badische Zeitung* (21.05.2014), online verfügbar unter: {http://www.badische-zeitung.de/ausstellungen-rezensionen/der-us-malerstar-mark-grotjahn-im-kunstverein-freiburg–85132159.html}.

tive der Werke von Jonathan Meese geplant war, sprangen der Künstler und sein Galerist Bruno Brunnet ein. »Zuerst waren die Deichtorhallen skeptisch, aber ›take it easy‹ hab' ich da gesagt, das ist unsere Spinnerei, das zahlen wir selbst«, erzählt Brunnet.[62] 300 000 Euro hatten er und Meese zusammengelegt, um alles zu finanzieren. In anderen Fällen übernehmen umgekehrt die staatlichen Institutionen selbst die Kosten, binden aber die private Galerie großzügig ein. 2012 gewann in Dresden das Kupferstich-Kabinett der Staatlichen Kunstsammlungen die beiden Künstler Gert und Uwe Tobias für eine umfassende Ausstellung, in der Werke des Museums und anspielungsreiche »Paraphrasen« auf diese zu sehen waren. Anschließend wanderte die Präsentation in die Berliner Galerie Contemporary Fine Arts, von der die Künstler vertreten werden. Mit staatlichen Geldern wurden staatliche Bestände im privaten Rahmen dargeboten und die Galerie durfte sich gleich doppelt beschenkt fühlen: Erstens bekam sie als gleichrangiger Partner geradezu museale Würden verliehen, zweitens adelte es ihre Verkaufsobjekte, dass sie zusammen mit den historischen Beständen des Kupferstich-Kabinetts ausgestellt wurden.

Der damals stellvertretende Generaldirektor der Kunstsammlungen, Bernhard Maaz, befürwortete die Zusammenarbeit, denn in einer Galerie für zeitgenössische Kunst habe das Kupferstich-Kabinett demonstrieren können, wie »à jour« es sei. Zudem, das betonte er, verfolge man dieselben Interessen: »Zwischen einer Galerie und einem Museum be-

62 Barbara Hein und Knut Gärtner, »Kunst-Messias auf der Großbaustelle«, in: *art. Das Kunstmagazin* 7/2006, online verfügbar unter: {www.art-magazin.de/div/heftarchiv/2006/7/1497205024039405 2864/Kunst Messias-auf-der-Grossbaustelle}.

steht in diesem Fall kein Unterschied, beide wollen gemeinsam aktuellste Kunst präsentieren.«[63] Dass eine Galerie immer auch Profitabsichten hegt, stellte für Maaz, der später zum Generaldirektor der Bayerischen Staatsgemäldesammlungen aufsteigen sollte, keinen Hinderungsgrund dar. Selbst wenn es in jedem dieser Fälle gute Gründe dafür geben mag, die Grenze zwischen den kulturellen Anliegen der Allgemeinheit und den kommerziellen Zielen der Privaten zu ignorieren, so bleibt doch dieses fluide In- und Miteinander nicht ohne Folgen, zumal wenn es sich zum Alltagsgeschäft entwickelt. Die normative Macht des Museums erodiert, wenn bereits in der Außenwahrnehmung zwischen der Finanz- und der Kunstwelt nicht mehr klar unterschieden werden kann, wie etwa in Frankfurt, wo 2014 das Museum für Moderne Kunst eine Dependance im Taunusturm eröffnen durfte, einer privaten Immobilie der Unternehmen Tishman Speyer und Commerz Real, in der nun Ausstellungen auf fünfzehn Jahre miet- und nebenkostenfrei gezeigt werden dürfen und zumindest indirekt für die Vermieter und ihr Bürohaus werben.

Der Künstler wird sein eigener Kurator

Dramatischer allerdings ist die Binnenwirkung solcher Kooperationen. Je abhängiger sich die Direktoren von privaten Leihgaben und Zuschüssen machen, desto unfreier werden sie sein, wenn es um wertende, die Sammler und Geldgeber möglicherweise brüskierende Entscheidungen geht. Ihre ein-

63 Antje Stahl, »Preistreiber Museum«, in: *Frankfurter Allgemeine Zeitung* (09.10.2012), S. 29.

zigartige Definitionsmacht löse sich in Luft auf, schreibt Philipp Kaiser, einst Direktor des Museum Ludwig in Köln: »Das Privileg europäischer Institutionen, sich dem Markt viel eher entziehen zu können und Projekte zu realisieren, die nicht dem Geschmack einiger weniger Trustees entsprechen, wird erstaunlicherweise häufig vorauseilend aufgegeben.«[64] In ähnlichem Sinne äußert sich Chris Dercon, der die Tate Modern in London führt. Der wachsende Einfluss des privaten Kapitals schränke die Möglichkeiten der Museen ein: »Neue Pseudo- und Risikophilanthropen, darunter viele Kunsthändler, streben nach mehr Validierung und letztendlich mehr Kontrolle über öffentliche Einrichtungen.«[65]
Vermochte der Kustos einst ein gewichtiges Gegenüber zu sein, im Zweifel auch ein behutsames Korrektiv, ein aufrichtiger Kritiker eines Künstlers, so muss er sich nun vorsehen und taktierender handeln. Das Museum aber kann damit nicht länger ein diskursiver Ort der Wertebestimmung sein, jede Ausstellung wird notgedrungen zur Feier des Künstlers, nicht zu einer offenen Befragung, in der auch Schwächen benannt und unvorteilhafte, die Leihgeber möglicherweise verärgernde Vergleiche gezogen werden. Ein Kurator, der es sich mit der Szene der gewichtigen Galeristen, Künstler und Sammler verscherzt, wird so schnell keine bedeutsame Ausstellung zeitgenössischer Kunst mehr bestücken können.
»Heute kann es sich kein Kurator mehr leisten, den Markt zu ignorieren«, berichtet Sandy Nairne, der langjährige Direk-

64 Philipp Kaiser, »Das Museum am Ende – am Ende das Museum. Zum Paradigmenwechsel einer Institution«, in: *Domus* 1/2013, S. 90-91, hier S. 91.

65 Chris Dercon, »Indiana Jones und die Ruine des Privatmuseums«, in: *Süddeutsche Zeitung* (04.07.2008), S. 14.

tor der National Portrait Gallery in London. »Eine Beziehung zwischen dem Museum und den Händlern eines Künstlers ist unausweichlich, weil es fast unmöglich ist, eine zeitgenössische Ausstellung ohne ihre Einwirkung auszurichten. Wenn sie nicht wollen, dass man das macht, dann werden sie sicherstellen, dass man es am Ende auch nicht kann.«[66] Händler gewährten Zugang zu Informationen, Abbildungen und Sammlern, manchmal versuchten sie auch die Bedeutung bestimmter Werke herauszustreichen, um Sammler zufriedenzustellen oder potentielle Käufer zu locken. In einigen Fällen wird der Künstler gleich selbst gebeten, die Ausstellung zu kuratieren, um so sicherzustellen, dass alles in seinem Sinne und dem des Handels erfolgt. So war es beispielsweise 2009, als der Maler Martin Eder im Dresdner Lipsiusbau sein eigener Kurator wurde.

Noch offenkundiger wird die Verflechtung, wenn Ausstellungen an öffentlichen Häusern von freien Kuratoren organisiert werden, die zugleich Sammler und Galerien beraten sowie Künstlernachlässe betreuen. Die Zahl dieser Berater, die in verschiedensten Rollen mit sich überschneidenden Interessen auftreten, ist über die Jahre deutlich gestiegen, und ihr Einfluss wird umso größer, je weniger sich die Museen auf selbst erarbeitete Ausstellungen stützen können oder wollen. Dem Unternehmer Jeremy Lewison war es beispielsweise möglich, im Moderna Museet in Stockholm das Werk der Malerin Alice Neel zu präsentieren, obwohl er zugleich für deren Erbe verantwortlich und damit beauftragt ist, die Bekannt-

66 Sandy Nairne, »The fine line between curating and promoting«, in: *The Art Newspaper*, Nr. 194, September 2008, S. 27, online verfügbar unter: {http://www.theartnewspaper.com/articles/The-fine-line-between-curating-and-promoting/16070}.

heit und den Handelswert der Künstlerin zu steigern. Auch konnte Lewison an der Stuttgarter Staatsgalerie Werke von Cy Twombly ausstellen, die dort zusammen mit Bildern von William Turner und Claude Monet zu sehen waren. Diese nobilitierende Inszenierung zog den Verdacht auf sich, hier versuche ein privater Berater, das öffentliche Museum dafür zu nutzen, den Marktwert eines Künstlers in die Höhe zu treiben.[67] Selbst wenn dieses nicht der Fall gewesen sein sollte, lädt doch die offenkundige Verquickung sich ausschließender Absichten zu Spekulationen ein, die der Autorität eines öffentlichen Hauses abträglich sind. Die eigentliche Aufgabe des Museums, die Kunst von allen Nebeninteressen freizustellen, um überhaupt ein öffentliches Interesse ermitteln zu können, erweist sich nicht selten als nachrangig.

Weil jede Sonderausstellung zur Adoration neigt, nimmt zugleich der Konformitätsdruck zu. Spätestens wenn das Museum doch einmal etwas zur Diskussion stellen möchte, ihm aber allgemein eine affirmierende Funktion zugeschrieben wird, wirkt es leicht so, als sollte der Gegenstand des Zweifels nicht befragt, sondern belobigt werden. Daher wächst die Scheu vieler Direktoren, insbesondere ethisch heiklen Fragen eine Bühne zu bereiten; als zu groß gilt die Gefahr, dass eine Ausstellung umstandslos als Parteinahme rezipiert wird. Nicht zuletzt daran lag es, dass der Künstler Gregor Schneider weder in Venedig noch in Berlin die Erlaubnis bekam, einen übergroßen schwarzen Kubus zu errichten, der viele in seiner Form und Farbe an die Kaaba in Mekka erinnerte und die Befürchtung auslöste, Muslime könnten sich verletzt fühlen. Erst eingebettet in ein kunsthistorisches Ver-

67 Joaki Grönesjö, »Meisterliche Hängung«, in: *Süddeutsche Zeitung* (30.11.2011), S. 12.

weissystem, als integraler Teil einer Kasimir-Malewitsch-Ausstellung, konnte Schneider 2007 sein Projekt in Hamburg verwirklichen; die eigentlich interessante Frage nach unschuldiger Form und symbolisch-religiöser Aufladung, nach dem Verhältnis von Ästhetik und Ethik trat in den Hintergrund.

Noch deutlicher ließ sich 2014 in Essen beobachten, wie eng die Freiheitsräume des Museums werden, wenn es seinen Charakter als Ort vorbehaltloser Verhandlung von ökonomischen Absichten korrumpieren lässt. Das Museum Folkwang wollte späte Polaroids des französischen Künstlers Balthus zeigen, die dieser über viele Jahre hinweg von einem minderjährigen, halbnackten Nachbarmädchen gemacht hatte und deren Kunstcharakter schon deshalb umstritten war, weil sie der Künstler nie zur Veröffentlichung bestimmt hatte. Die Bilder waren erst von den Erben freigegeben, verbreitet und auch zum Verkauf angeboten worden, sorgfältig gerahmt und in der Gagosian Galerie in New York präsentiert, das Stück für mindestens 20 000 Dollar. Im selben Jahr, also 2014, veröffentlichte der Steidl Verlag einen aufwändig gedruckten Fotoband und in enger Abstimmung mit dem Verleger sollte das Museum die Polaroids ausstellen. Offenkundige Auf- und Verwertungsinteressen – die Bilder sollten als Teil des anerkannten Œuvres etabliert werden – verquickten sich hier mit dem Interesse an einer ästhetischen Diskussion über die Bedeutung von Farbvaleurs und der Funktion von Polaroids im Werk des späten Balthus. Zudem ist das Folkwang Museum für spektakuläre Ausstellungen bekannt und auch das nährte die Vermutung, hier könnte vor allem ein Spektakel inszeniert werden. In der heiklen Frage nach Pädophilie und Pornografie vermochte es der Direktor nicht, einen souveränen, wissenschaftlichen Standpunkt zu beziehen. Als am Ende noch juristische Konsequenzen drohten, berief er sich nicht etwa auf die Kunstfreiheit, sondern sah sich gezwungen, die Schau abzusagen.

Den Sinn und Zweck von Tabus zu beleuchten, die allgemein akzeptierten Vorstellungen von Sitte und Anstand auf ihre Gültigkeit hin zu debattieren, kann einem Museum nur gelingen, solange es nicht in den Verdacht gerät, es bediene mit dem Tabubruch vornehmlich die Mechanismen der Aufmerksamkeitserregung und gebotenen Selbstvermarktung. Je mehr es von der gewöhnlichen Logik des Erfolgs und der Ökonomie bestimmt wird, desto stärker muss es sich auch mit gewöhnlichen Empfindlichkeiten, mit Vorstellungen des normativ Richtigen befassen und ihnen im Zweifel entsprechen. Das Museum büßt seine Offenheit ein und damit auch seine Lebendigkeit.

IV. Ethik und Erneuerung
Die Kunst sucht das gute Leben und das Leben setzt die Kunst aufs Spiel

Was aus der großen Normalisierung letztlich folgt, aus den Entgrenzungen im Schaffen der Künstler wie im Handeln der Museen, ist ein nicht unbeträchtlicher Spannungsabfall. Wo das Gebot zur Verschwisterung vorherrscht, wo noch die unmöglichsten Bündnisse für sinnvoll und produktiv erachtet werden sollen, da bleibt Harmonie nicht aus; der Streit hingegen schon. Auch Kunstkritiker, traditionell für Widerworte und geistige Reibungswärme zuständig, fügen sich nun oftmals dem Gebot der stillen Übereinkunft. Viele führen ein Leben als multiple Persönlichkeiten, schreiben nicht nur Rezensionen, sondern kuratieren auch Ausstellungen, beraten Sammler, arbeiten selbst als Künstler, manche betreiben nebenher sogar eine Galerie. Sie pflegen ihre eigene Art der Postautonomie, indem sie sich auf zahllose Abhängigkeiten einlassen.[1] Auch sie vermeiden alles, was Seilschaften und Reputation gefährden könnte. Und so leidet die große Auseinandersetzung um Ethik und Ästhetik, um das, was bleibt, was gilt und was als ephemer gelten sollte, nicht allein an der Pluralisierung und der Omnipräsenz des Geldes. Sie wird auch von einem Betrieb erstickt, der auf nichts so angewiesen ist wie auf innere Befriedung.

Das jedoch befördert die Unterstellung, dass im Namen der

1 Siehe hierzu Hanno Rauterberg, »Wer kritisiert die Kritiker – Warum wir eine Akademie für Kunstkritik brauchen«, in: Harry Lehmann (Hg.), *Autonome Kunstkritik*, Berlin 2012, S. 139-155.

Ästhetik vornehmlich Kapitalanlagen gesucht, Besucherquoten errungen und Machtspiele ausgetragen werden. Wo es keine offenen Konflikte gibt, erstirbt die Debatte über das, was Kunst tatsächlich vermag und sein kann. Niemand fordert frei heraus Begründungen, niemand wehrt sich gegen das System der Absprachen und Einflüsterungen.
Wie alle Systeme tendiert auch die Kunstwelt dazu, allein den eigenen Wertvorstellungen, der institutionellen und ökonomischen Anerkennung zu folgen. Daher erscheint sie paradoxerweise und aller Nivellierung und Profanierung zum Trotz vielen als rätselhaft und hermetisch, als eine Welt in der Welt. Und daher rührt es wohl auch, dass der Kunst von manchen nach wie vor ein metaphysischer Hallraum zugesprochen wird. Das macht sie für einige erst reizvoll; andere hingegen empfinden die doppelte Natur der Kunstwelt – einerseits auf höchst irdische Weise durchökonomisiert, andererseits abgehoben und abgekapselt in ihren inneren Bezügen – als Inbegriff der Bigotterie. Zu weit klaffen ethische Wirklichkeit und ästhetischer Anspruch auseinander. Die Kunst nehmen sie als entrückter wahr denn je, dem guten Leben abgewandt.

Kunst als Forschung nach dem Wahren

Einige der wichtigsten künstlerischen Strategien der Gegenwart verdanken sich auf indirekte Weise diesem Empfinden. Es sind Versuche, der kalmierenden Normalisierung zu entgehen, zur Wirklichkeit durchzudringen und noch einmal ein Außerhalb zu begründen, wenn auch oft auf eine wiederum normalisierende Weise. So konnte die sogenannte künstlerische Forschung in den Augen vieler zu einer eigenen Methodik avancieren, von Kunsthochschulen begünstigt, die auf Drittelmittel hoffen und ihre Bologna-Tauglichkeit unter Beweis stellen müssen. Die Universität in Leeds hat ein Centre for Practice-Led Research in the Arts eingerichtet, an der Universität in Amsterdam gibt es ein Artistic Research Program, in Malmö kann man sich an der Kunstakademie in ein PhD-Programm für Artistic Research einschreiben. Vielerorts steht es den Künstlern nun frei, zu einem »Master of Arts« aufzusteigen, der mit seinen Anleihen bei der klassischen Wissenschaft schon deshalb etwas Drittes begründen will, weil das Erforschte objektiver erscheint und damit unabhängiger von den Absprachen im Machtsystem Kunst. Der Künstler ist zur Interaktion aufgerufen, ob mit Geografen, Hirnforschern, Biologen oder Informatikern, und sollte das eigene Tun in epistemologischer Hinsicht reflektieren können.

Es verlangt diese forschenden Künstler nach einer Rückkehr der Wahrheit in die Kunst, nur muss diesmal, anders als in früheren Zeiten, die Schönheit nicht zum Vehikel werden. Aus dem klassischen Atelier wird das Labor und aus mancher Universität ein Zentrum für Kunsttransfer, das erkunden möchte, »inwieweit künstlerisches Denken und Handeln einsetzbar sind für wissenschaftliche Erkenntnisgewinnung und wirtschaftliche Entwicklung«.[2] Das gute Leben, von dem hier die Rede ist, ist eines der Vernunft, allerdings eher in einem der Verwertung zuträglichen, soziologischen oder technischen Sinne. Die Kunst will beweisen, dass sie eben mehr zu bieten hat als eine Produktion von Atmosphären und Statussymbolen; sie möchte in einem höheren Sinne nützlich

2 Siehe die Selbstbeschreibung des Zentrums für Kunsttransfer, online verfügbar unter: {http://www.id-factory.de/ID-factory}.

sein und ist damit dem allgemeinen Zweck-Nutzen-Denken durchaus zugetan.

Skandal als Mittel der Neubesinnung

Eine Ausflucht auf eher klassische Weise suchen demgegenüber jene Künstler, die sich unverdrossen der Provokation verschreiben und damit die allgemeine Harmonie der Kunstwelt aufstören wollen. Allerdings bekommen sie die Normalisierung auf mehrfache Weise zu spüren, umfasst diese doch mittlerweile auch die Normübertretung. Anders als in autoritären Staaten, die sich durch sakrosankte Werte auszeichnen, haben sich liberale Gesellschaften im 20. Jahrhundert weitgehend an Schock und Tabubruch gewöhnt, jedenfalls in ästhetischer Hinsicht. Der klassische Vorwurf, die Gegenwartskunst verschwende Steuergelder, um sinnlose, unverständliche, unkünstlerische Dinge in die Welt zu setzen, wird nur noch selten erhoben. Ebenso führen ethische Überschreitungen nur gelegentlich zu der vom Künstler eigentlich erhofften Kontroverse. Seitdem mit Fernsehformaten wie *Big Brother* oder Dschungelcamp die Reiz- und Qualschwellen deutlich angehoben wurden, seitdem selbst Gunther von Hagens mit seiner Körperwelten-Ausstellung zu einem Vergnügen für die ganze Familie geworden ist, seitdem nicht zuletzt die Künstler des 20. Jahrhunderts sich rege an den Riten des Tabubruchs beteiligt haben und damit einer gewissen Vergleichgültigung, wenn nicht gar Abstumpfung entgegenarbeiteten, hat sich das Geschäft mit einer vordergründig auf Skandal abzielenden Kunst deutlich erschwert. Nur in traditional gesinnten Regionen wird es noch als Affront begriffen, wenn ein Werk wie *Zuerst die Füße* des Künstlers Martin Kippenberger, das einen gekreuzigten Frosch zeigt, die Weihen eines öffentlichen Museums erfährt.

Wie weitgehend sich die meisten westlichen Gesellschaften mit aufreizenden, den öffentlichen Streit suchenden Bildern und Kunstwerken arrangiert haben, zeigt sich immer dann besonders drastisch, wenn Menschen aus anderen Kulturkreisen auf weit weniger ausgeruhte Weise auf die gesuchte Provokation der Künstler reagieren. In mehr als zweihundert Jahren hat eine Kultur der Aufklärung gelernt, mit Spott, Blasphemie und Sarkasmus umzugehen; selbst wer sich im Einzelfall gekränkt fühlt, wird doch meistens das grundsätzliche Recht auf Meinungsfreiheit und damit auch auf Überspitzung, künstlerische Skandalisierung und Karikatur nicht infrage stellen. Insbesondere in vielen islamisch geprägten Gemeinschaften konnte sich diese Form der Liberalität kaum entwickeln, und so kommt es immer wieder zu Auseinandersetzungen um Bilder und ihre Wirkung. Zwar kennt der Koran – anders als die Bibel – kein dezidiertes Bilderverbot. In der Buchmalerei wird Mohammed bis zum 15. Jahrhundert auch immer wieder offen und unverhüllt gezeigt. Doch seither hat sich in vielen Teilen der islamischen Welt die Auffassung durchgesetzt, dass bereits die Darstellung des Propheten unerlaubt und schändlich sei. Wenn dann auch noch westliche Zeichner ihr satirisches Spiel mit dem Religionsstifter treiben, wenn ihre Zerrbilder publiziert werden und über das Internet weltweite Verbreitung finden, dann bleiben Proteste nicht aus und terroristische Attentäter fühlen sich mitunter aufgefordert, sich für die Werke der Karikaturisten oder anderer Spötter zu rächen.

In westlichen Gesellschaften treffen solche Reaktionen häufig auf Unverständnis, wobei oftmals übersehen wird, dass auch hier die Idolatrie, jene Vorstellung, dass Gott im Bild und das Bild in Gott sei, über viele Jahrhunderte das Zusammenleben bestimmte. Selbst in gänzlich profanen Sphären hielt sich lange ein allgemeiner Bilderglaube, noch das Allgemeine Landrecht für die Preußischen Staaten von 1794 sah eine Bestrafung *in effigie* vor, was hieß: War der Verurteilte entkommen oder gestorben, wurde die Strafe an seinem Bildnis vollstreckt.

Bis heute kommt keine Gesellschaft ganz ohne bestimmte Bildtabus aus. Nur sind es jetzt in der Regel keine religiösen, sondern nationale Tabus. Wer die Farben, die Flagge, das Wappen oder die Hymne der Bundesrepublik Deutschland verunglimpft, muss mit bis zu drei Jahren Gefängnis rechnen. Ähnliches gilt für Karikaturen, in denen der Holocaust geleugnet wird. Noch immer, so lässt sich an solchen Beispielen erkennen, hat die Normalisierung nicht dazu geführt, dass die Bilder der Kunst ohne Echo bleiben, dass sie nicht wahr- und nicht ernst genommen würden. Doch ist ihre Wirkung stets sozial wie historisch bedingt und die Empfindlichkeiten wandeln sich nicht selten binnen weniger Jahrzehnte.

So ist das Kunstpublikum westlicher Galerien und Museen mit politisch gemeinten oder in blasphemischer Absicht vorgetragenen Provokationen zwar nur noch selten zu erregen. Als besonders konfliktträchtig erweisen sich hingegen auffallend häufig die tierrechtlichen Themen. Je stärker gegen Tiertransporte, Massentierhaltung, verwerfliche Schlachttechniken protestiert wird und je weiter sich vegetarische und vegane Überzeugungen verbreiten, desto fragwürdiger finden es viele Menschen, wenn Tiere im Namen der Kunst gequält oder gar getötet werden. In einer Installation des Künstlers Marco Evaristti reichten zehn Goldfische, die in zehn mit Wasser gefüllten Standmixern schwammen, um im Jahr 2000 die Gemüter zu erregen; den Besuchern der Ausstellung war anheimgestellt, ob sie den gelben Startknopf der Mixer betätigten, einige taten es. Als 2014 auf der Kunstmesse ABC in Berlin eine Installation von João Modé zu sehen war, reichte bereits ein einziger Goldfisch in einem wassergefüllten Kristallgefäß: Die Messeleitung wurde wegen Tierquälerei angezeigt.

Ähnlich wie die Museen müssen in solchen Fällen auch die Künstler feststellen, dass die Freiheitsräume für eine postautonome Kunst enger werden. Gerade wenn Kanarienvögel, Hunde, Schildkröten nicht deshalb die Gegenwartskunst bevölkern, weil so das Verhältnis von Kreatur und Mensch problematisiert und also ein inhaltliches Anliegen vorgetragen würde, sondern weil vielmehr die Tiere als poetisches, exotisches oder eigenwilliges Accessoire eingesetzt werden, rächt sich die ethische Indifferenz der Künstler. Ein nicht kleiner Teil des Publikums begegnet dieser Indifferenz mit Entschiedenheit, mit einer Ethik, die manche als politische Korrektheit geißeln. Das gute Leben, das die Kunst in den Augen mancher nicht mehr zu versprechen vermag, soll nun zumindest für die lebenden Objekte der Kunst eingeklagt werden.

Auch in anderen Fällen, in denen sich das liberale Milieu in seinen ethischen Überzeugungen verletzt fühlt und diese Verletzung kundtut, geraten die Künstler zusehends in Begründungsnöte. In Zeiten der Normalisierung und also der allgemeinen Verständnissinnigkeit lässt sich die Grenzüberschreitung nicht durch einen lapidaren Hinweis auf die Autonomie der Kunst legitimieren. Da der Künstler keine Ausnahmegestalt mehr ist, das Museum kein Ausnahmeort, lässt sich ein Verstoß gegen die geltende Ethik nur rechtfertigen, solange die alte Verheißung der Kunst, sie agiere im Horizont der Aufklärung und Läuterung, noch Bestand hat. Doch wachsen bei vielen Betrachtern die Zweifel, ob und inwieweit dem weiterhin so sei.

Da in der kunstsinnigen Gesellschaft fast schon gewohnheitsmäßig ein Defizit an stabilen geistig-moralischen Werten diagnostiziert wird, hat sich parallel zur Normalisierung der Künste eine kleine, recht erfolgreiche Branche entwickelt, die nicht nur Produkte, sondern auch Überzeugungen vertreibt. Das beginnt mit Tugendbegriffen, die für Waren jeder Art herangezogen werden, so dass ein Fruchtsaft den Namen Innocent trägt, Liebe nun eine Schokoladensorte von Milka sein kann und Früchtetees auf Mutquelle oder Glückliche Mutter getauft werden. Es bleibt aber nicht bei symbolischen Aufladungen, vielmehr werben manche Unternehmen gezielt mit ihrem ethischen Bewusstsein und verkaufen ihren Kunden, die entsprechend dafür bezahlen, ein gutes Gewissen, weil diese durch ihren Kauf weder Kinderarbeit, Umweltschäden noch Tierversuche unterstützen. Dass eine Konsumentscheidung auch als Bekenntnis begriffen werden kann, dass sich also ein anderes Selbstwertgefühl profitabel auf den Markt bringen lässt, mag nur ein Teilsegment der Warenproduktion betreffen. Doch just jene Kunden, die empfänglich sind für ein wertegeleitetes Konsumieren, dürften sich in der Regel auch für Kunst und Kultur interessieren. Nicht zuletzt deshalb bekommen manche Künstler eine gestiegene ethische Sensibilität ihrer Betrachter zu spüren.

Erschwerend kommt für die Provokationskünstler hinzu, dass der Regelbruch sogar im liberalen Milieu nicht unbedingt mehr als mutige, befreiende Tat begriffen wird. Umgekehrt ist die Rede von der politischen Korrektheit, die das Sprechen und Denken übermäßig reguliere, also eine Konvention verbindlich mache, gegen die es aufzubegehren gelte, zumeist in konservativ gesinnten Kreisen verbreitet. Dort gilt es etwa als beachtlicher Tabubruch, tradierte Bezeichnungen wie »Zigeunerschnitzel« oder »Negerkuss« zu verwenden und auf diese Weise dem Mainstream zu trotzen. Anders als die gern geschmähten Gutmenschen nehme man sich die Freiheit, alles sagen und Tabus vorbehaltlos hinterfragen zu dürfen, so heißt es in den entsprechenden Milieus. Damit aber geraten alle, die sich als fortschrittlich verstehen, in die Rolle der Anstandsverteidiger, darauf achtend, dass etwa die Norm einer Gleichbehandlung von Homo- und Heterosexuellen auch eingehalten wird. Es gehört zum Wesen liberaler Gesellschaften und damit auch der Normalisierung, dass Normüberschreitung nur noch selten einem utopischen Impetus folgt; hingegen kommt es häufiger vor, dass Normverletzung reaktionären Mustern folgt.

Was das für die Kunst bedeutet, bekam beispielsweise der Künstler Santiago Sierra zu spüren, der sich in vielen seiner Aktionen für die Rechte der Ausgestoßenen und Ausgebeuteten verwendet und als einer der großen Provokateure der Gegenwartskunst angesehen wird. So ließ er 2006 eine ehemalige Synagoge in Pulheim-Stommeln mit Abgasen einiger Autos füllen, lud die Besucher ein, das Bauwerk mit Gasmasken zu betreten, und meinte, auf diese Weise gegen die Banalisierung des Holocaust ein Zeichen setzen zu können. »Ich wollte keine Empathie mit den Opfern erreichen, sondern den Menschen einen Anstoß geben, an den eigenen Tod zu denken«, ließ er verlauten.[3] Doch war es diese Empathielosigkeit, die seine Aktion in den Augen vieler als reaktionär erscheinen ließ, eine Provokation, die auch von jenen hätte aus-

3 Daniel Völzke, »Santiago gegen den Rest der Welt«, in: *monopol. Magazin für Kunst und Leben* (10.09.2009), online verfügbar unter: {http://www.monopol-magazin.de/artikel/20101009/titel-santiago-sierra.html}.

gehen können, die ohnehin finden, der Judenmord werde überdramatisiert.
Mit Unmoral moralische Effekte erzeugen zu wollen, das hat Sierra immer wieder versucht. Einer Methode der systematischen Erniedrigung folgend, heuerte er Menschen an, die selbst für geringe Summen bereit sind, den absurdesten Anforderungen zu entsprechen. Sie ließen sich im Auftrag des Künstlers eine Linie auf den Rücken tätowieren oder verharrten viele Stunden lang unter Pappkartons. Sierra hatte sich vorgenommen, die alles normalisierende Kunstwelt mit der normalen Absurdität kapitalistischer Unterwerfung zu konfrontieren. Er wurde selbst zum Ausbeuter, um damit auch den involvierten Institutionen, die fotografische Dokumente seiner Arbeiten präsentieren, und ebenso den Betrachtern ihre eigene ausbeuterische Rolle vor Augen zu führen. Weil aber das Prinzip vieler seiner Menschenexperimente oft dasselbe ist, fällt die Unmoral zumindest in Teilen auf ihn zurück. Es wirkt auf zynische Weise überflüssig, den ohnehin Bemitleidenswerten weiteres Leid anzutun, wenn die künstlerische Botschaft ebenso plakativ wie vorhersehbar ist.
Seine Kunst verübt einen »Anschlag auf die Würde« all jener,[4] die er in seiner Kunst zum doppelten Opfer macht, ohne dass diese ein Gesicht bekämen oder auch nur eine angemessene Entschädigung. Sierra beteiligt sie nicht an seinen Gewinnen, weder in materieller noch in symbolischer Hinsicht. Er übernimmt für sie keine Verantwortung, denn ihn interessiert nicht der Einzelne, ihn interessiert das System. Entsprechend distanziert und abstrakt wirken viele seiner Projekte, wenn

4 Nina Möntmann, »Art at the limits: An introduction«, in: Nina Möntmann (Hg.), *Scandalous. A Reader on Art and Ethics*, Santa Monica 2014, S. 14.

sie ausgestellt werden. Leid und Mitleid liegen denkbar weit auseinander.

Hinzu kommt, dass Sierra selbst vermutet, seine Formen der Anklage könnten eher der Affirmation zuträglich sein als der gesellschaftlichen Reflektion. »Selbstkritik«, so räumte er ein, »bestärkt uns in dem Gefühl der moralischen Überlegenheit, und ich liefere der gehobenen Gesellschaft die Mechanismen, sich von ihrer Moralität und ihrer Schuld zu entlasten«.[5] Damit aber wäre mit den Mitteln der Provokation einer Kunstnormalisierung und ihren Implikationen nicht zu entkommen; schlimmstenfalls stärken sie noch das System der allgemeinen Wohligkeit.

Wenn die Kunst für das Gute auf die Straße geht

Weil aber innerhalb des gewohnten Kunstbetriebs weder künstlerische Forschung noch die altgediente Provokation, noch andere ästhetische Mittel dem ethischen Dilemma der Postautonomie etwas zu entgegnen scheinen, will sich eine stetig wachsende Gruppe von Künstlern aus dem klassischen Betrieb vollends verabschieden. Einige setzen auf politischen Aktivismus, andere auf soziale Interventionen. Gemeinsam hoffen sie auf eine Kunst mit erhöhter Wirksamkeit: Die Welt soll eine bessere werden. Anders allerdings als noch im 20. Jahrhundert gibt es keine Utopie, die am Horizont ihrer Aktionen und Projekte aufleuchten würde. Es gibt keinen Willen zum Umsturz. Viel eher suchen die Künstler nach Nischen im Bestehenden, um reformistisch, Schritt für Schritt,

5 Interview mit Santiago Sierra in: *Bomb* 86/2004, online verfügbar unter: {http://bombmagazine.org/article/2606/}.

die Wirklichkeit zu optimieren und das gelingende Leben ins Werk zu setzen.

Die Rolle des Visionärs haben die Künstler gegen die Rolle des Erziehers eingetauscht. Insbesondere der Kunstaktivismus, von manchen auch Artivismus genannt, kennt keine Selbstzweifel und muss sich Ambivalenzen schon deshalb ersparen, weil es sonst zum entscheidenden Schritt, von der Reflexion zur Tat, nie käme. Das Aufrütteln ist ihr Geschäft und sie betreiben es meist mit einer Selbstgewissheit, die ans Missionarische grenzt.

In Diktaturen vermag das offene Aufbegehren eine enorme Wirkung zu erzeugen, Künstler werden zu Katalysatoren. In offenen Gesellschaften hingegen ist die kritische Kunst nicht selten unkritisch. Sie befördert ein Richtigkeitsdenken und ein Richtigkeitsfühlen, das sich als eitel, wenn nicht gar als kitschig erweist. Entweder bedient es mediales Schlagzeilendenken oder aber dumpfe Betroffenheit.

In regelmäßigen Wellen wird in Zeitungen und Magazinen eine Repolitisierung der Kunst konstatiert, und das nicht zuletzt deshalb, weil sie sich gut vermitteln lässt. Die kritische Kunst verhandelt greifbare Themen, die Themen der Medien. Sie ist politisch in einem Sinne, der sie anschlussfähig macht, sie lässt sich in die gängigen Debattenmuster integrieren. Sie tritt nicht als solipsistischer Wahnsinn auf, nicht als karger Formalismus, nicht als jene Feingeisterei, deren Nuancen nur Experten zugänglich sind. Vielmehr ist die kritische Kunst für das breite Publikum oftmals verständlich und plausibel. Daran müsste sich niemand stören, wenn es denn den Künstlern zugleich gelänge, politischen Themen nicht nur eine eingängige Illustration hinzuzufügen, sondern sie in einen geweiteten, einen offenen Horizont zu stellen, in dem sie neu gesehen, neu befragt werden können. Dem aber steht das propagandistische Anliegen dieser Kunst entgegen, die auf der richtigen Seite zu stehen meint und die Betrachter auf diese Seite ziehen möchte.

In einer ohnehin hyperinformierten Welt ist es für Künstler schwieriger geworden, eine investigative Rolle zu übernehmen. Auch Diskursbeschleuniger und Ankläger finden sich in den etablierten Medien ebenso zahlreich wie in den Foren des Internets, die ihre Kampagnen über Twitter oder Facebook sehr viel rascher und breiter lancieren als die Aktionen der Künstler. Erschwerend kommt für eine politisch gesinnte Kunst hinzu, dass sie es in der Regel mit komplexen, ethisch vielschichtigen Problemen zu tun hat, ihre Ausdrucksmittel aber zur Vereinfachung ebenso neigen wie zur Verunklärung.

Warum bildende Kunst dem Politischen fremd bleibt

Anders als ein Roman, ein Film, gar eine vielteilige Fernsehserie kann die Kunst meist keine in sich widersprüchlichen Charaktere, keine gegenläufigen Erzählungen, keine sich sukzessive entfaltende Multiperspektive aufbieten. Anders als ein Sachbuch muss sie auf historische Tiefenschau verzichten, auch darauf, verschiedene Stimmen auftreten zu lassen. Die Stärken der bildenden Künste liegen eher in der Direktheit und Eingängigkeit, nicht in differenzierter Analyse. Daniel Richter, selbst einer politischen Agenda verpflichtet, formuliert es so: »Wenn ich mich für die Geschichte des 20. Jahrhunderts interessiere, muss ich mich entscheiden, ob ich Eric Hobsbawm lese, John Keegan, Alain Badiou. Oder ob ich Ausstellungen besuche, auf denen mit dem Tschador irgendein Schabernack getrieben wird. Da lese ich lieber Bücher von Leuten, die sich mit ihrem Thema substanziell beschäftigt haben. Eine Ausstellung kann nicht das leisten, was ein gutes Sachbuch leisten kann.«[6]

Gerade den herkömmlichen Kunstformen, der Malerei, der Plastik, auch der Installation gerinnt die Wirklichkeit rasch zur Formel. Dort aber, wo sie weiter ausholen kann, wo sie erzählerisch wird, im Video oder in theaterhaften Inszenierungen, tendiert die politisch-kritische Kunst zur belehrenden Fabel. So aber gerät sie in einen Selbstwiderspruch zu den eigenen Ansprüchen. Denn will sie sich von Werbung, von bloßer Propaganda unterscheiden, muss sie sich davor hüten, hinter das Ideal des offenen Kunstwerkes zurückzufallen. Gerade in Zeiten der Postautonomie, in der die Autorenschaft an Bedeutung verliert, gewinnt der Betrachter an Bedeutung, erst dieser ist es, in dessen Empfindungen und Gedanken sich die Kunst erfüllt. Er wird zum Mitschöpfer, zum mündigen Mitkünstler. Der didaktisch agierende, politisch gesinnte Künstler wird sich allerdings mit solchen Rezeptionstheorien nicht lange aufhalten können, ihm muss es um Eindeutigkeit gehen, darum, die Wahrheit in die Welt zu tragen. Damit aber unterstellt er dem Publikum, diese Wahrheit nicht zu kennen, unmündig zu sein, aufklärungsbedürftig. Er erhebt sich über den Betrachter, er verneint die Geistesfreiheit.

Will er jedoch diesem autoritären Muster ausweichen und einer vordergründigen Pädagogisierung entgehen, wird er gezwungen sein, das Eindeutige zu verundeutlichen und also das Politische zu ästhetisieren. Die Kunst umkreist dann die Themen mehr, als dass sie sie benennt oder diskursiv be-

6 »›Ich bin Daniel Rubens‹«, Interview mit Daniel Richter, in: *Die Zeit* (29.09.2011), online verfügbar unter: {http://www.zeit.de/2011/39/Interview-Richter/seite-4}.

leuchtet, und hinterlässt beim kritischen Besucher entweder ein großes Unbehagen, weil er über die Ausbeutung von Rohstoffen, über Kinderarbeit oder die Konflikte im Nahen Osten von anderen Medien weit gründlicher informiert wird. Oder aber der Besucher lehnt sich wohlig zurück, bestätigt in seiner lange schon gehegten Auffassung, dass die Welt eben ungerecht sei und der Neoliberalismus viel Schaden anrichte. Eine dritte Möglichkeit zeigt sich beispielsweise in dem Denkmal, das Olaf Nicolai zum Gedenken an die 30 000 während der NS-Zeit zum Tode verurteilten Deserteure und Kriegsdienstverweigerer auf dem Wiener Ballhausplatz errichtete. Aus hellblau gefertigtem Beton ließ Nicolai ein großes, liegendes X anfertigen, das sich jeder Dramatisierung, jeder Didaktik und Erklärung verweigert. Hier bietet sich dem Besucher das Politische als etwas Verrätseltes und letztlich Unbegreifliches dar und lässt ihn wohl eher unberührt zurück. Die Kunst wird zum Vehikel der Verunklärung, wo eigentlich eine dem Mut der Deserteure angemessene Deutlichkeit gefragt wäre.

Beharrt der Künstler also auf seiner Ästhetik, auf einer Formensprache, die nicht auf unmittelbare Verständlichkeit zielt, dann verrät er im Zweifel seinen ethischen Auftrag. Er verklausuliert das politische Anliegen, das doch eigentlich der Klarheit bedürfte, denn Kritik wird nur dort wirkungsvoll sein können, wo sie so evident ist, dass sie keiner Entschlüsselungen bedarf. Wenn die gestische Kritik aber nicht allgemein verstanden wird, sondern nur von denjenigen, die mit der ästhetischen Ausdrucksform des Künstlers vertraut sind, rückt für die einen das Enträtselungsphänomen in den Mittelpunkt und das politische Moment wird auf die Seite gedrängt. Für andere mag sich die Bedeutung erschließen, aber sie kennen die Botschaft vermutlich bereits. Der Künstler überzeugt dann mit seinen Werken nur die ohnehin schon Überzeugten. Kunst wird zu einem Medium der Selbstgenügsamkeit.

Verzichtet der Künstler hingegen auf die Ambivalenz des ästhetischen Ausdrucks, auf alles Enigmatische, macht er sich von der Wirklichkeit abhängig, die er doch eigentlich überwinden will, dann wird er zum Sparringspartner im politischen Feld und muss sich den dort üblichen Mustern des Konflikts und auch der üblichen Evaluation stellen. Er muss sich fragen lassen, ob seine Argumente triftig sind; ob sie auf eine ethisch vertretbare Weise vorgetragen werden; er wird zudem daran gemessen, ob und inwieweit er Erfolg hat. Er muss sich einem Regime des Leistungsnachweises beugen, denn wer konkrete Ansprüche erhebt, kommt nicht umhin, sich zu diesen Ansprüchen auch zu verhalten. Spätestens da aber gerät der Künstler in eine Falle der Selbstrechtfertigung, die seine Kunst als ein beliebiges Mittel im Kampf um Aufmerksamkeit erscheinen lässt. So reagierte zum Beispiel das Künstlerkollektiv Zentrum für Politische Schönheit auf den Vorwurf, es instrumentalisiere als eine Art »PR-Agentur« jene Notleidenden, für die es sich einzusetzen vorgebe, mit dem Hinweis auf den medialen Erfolg ihrer Aktion.[7] Wenn aber Aufmerksamkeit, das Agenda-Setting, zur wichtigsten Währung der Kunst wird, müssen sich die Aktivisten mit anderen Aktiven vergleichen lassen, auch mit Rechtsradikalen oder der sogenannten Pegida-Bewegung. Damit geht die Kunst im Politischen auf, sie wird verwechselbar und verliert die Freiheiten, die ihr die Ästhetik gewährte.

Zur Freiheit der Kunst gehört es, die großen Fragen offen stel-

7 Raimar Stange, »Der Rat der Kreativen«, in: *art. Das Kunstmagazin* (13.01.2015), online verfügbar unter: {http://www.art-magazin.de/szene/78720/kunstaktivisten_berlin}.

len zu können, ohne sich von dem, was realpolitisch machbar, was öffentlichkeitswirksam durchsetzbar wäre, beschränken zu lassen. »Das ethisch-politische Potenzial der ästhetischen Erfahrung besteht nicht zuletzt darin, dass sie ein unmittelbares Verstehen ebenso aussetzen wie das tatsächliche Handeln, und zwar zugunsten einer reflexiven Vergegenwärtigung der kulturellen und sozialen Horizonte, in die unser Verstehen und unser Handeln normalerweise eingelassen sind«, sagt die Philosophin Juliane Rebentisch. »›Politisch‹ ist die Kunst dann in keinem direkten Sinne, sondern eher indirekt oder potenziell – und zwar aufgrund der Struktur der reflexiven Erfahrung, die sie ermöglicht.«[8]

Wie sollen wir leben? Wer könnten wir sein? Wo wartet die Gerechtigkeit? Ganz gleich, ob auf absurde, spielerische oder philosophische Weise, können das die Fragen der Kunst sein, und indem sie diese gestaltend aufwirft, kann sie auf ein gesellschaftliches Echo hoffen. Denn das Politische, so fasst es Jacques Rancière, beginnt nicht erst in der Politik: »Die Kunst ist nicht erst politisch durch die Botschaften und die Gefühle, die sie betreffend der Weltordnung transportiert. Sie ist auch nicht politisch durch die Weise, wie sie die Strukturen der Gesellschaft, die Konflikte und Identitäten der sozialen Gruppen darstellt. Sie ist politisch gerade durch den Abstand, den sie in Bezug auf diese Funktionen nimmt.«[9]

Wenn Aktivisten den Abstand indes nicht wahren, wenn sie im Schutzmantel der Ästhetik für ihre ethischen Anliegen eintreten, ohne aber auf die geistige Spekulation der Kunst

8 »Das Potenzial des Ästhetischen«, Dominique Laleg im Gespräch mit Juliane Rebentisch, in: *all-over. Magazin für Kunst und Ästhetik* (22.10.2012), online verfügbar unter: {allover-magazin.com/?p=1072}.

9 Jacques Rancière, *Das Unbehagen in der Ästhetik*, Wien 2007, S. 33f.

zu bauen, dann mindern sie im Zweifel sogar die Aussichten darauf, im politischen Feld ernst genommen zu werden. Egal ob Occupy oder Femen, sobald eine Bewegung im öffentlichen Diskurs als künstlergetrieben wahrgenommen wird, setzt sie sich dem Vorwurf des Unernstes aus, als betriebe sie den Aktionismus um des Aktionismus willen. »Die Umarmung ihrer Tätigkeiten als ›Kunst‹ birgt [...] das Risiko, ihre ursprünglichen Anliegen zu trivialisieren«, schreibt die Theoretikerin Karen van den Berg.[10] Der Protest bekommt eine folkloristische Note, insbesondere dann, wenn er am Ende doch im geschützten Rahmen einer Kunstinstitution vorgetragen wird, wie es beispielsweise die Künstlergruppe Arts & Labor in New York tat, als sie gegen die ausbeuterischen Bedingungen jener Arbeiter protestierte, die beim Aufbau der Messe Frieze Art Fair eingesetzt worden waren. Sie trugen ihre Kritik auf der Messe vor, von der Messe geduldet. Ihr Schlachtruf »Frieze is the wrong art world« wirkte wie eine bestellte Performance, mit der die Veranstalter ihre eigene Fähigkeit zur Selbstkritik demonstrierten.

Wenn aber die ontologischen Unterschiede der Kunst nicht länger offenliegen, dann hat sich auch die Vorstellung erübrigt, es könne »einen radikalen Bruch mit der Funktionalität, Temporalität, Kausalität des Lebens« geben, wie es der Philosoph Christoph Menke erhofft.[11] »Es ist eben keine politische Handlung, wenn ein Kunstwerk sagt, wie die Welt besser wäre. Das ist völlig unpolitisch. Politisch wird es erst, wenn es

10 Karen van den Berg, »Fragile productivity: Artistic activities beyond the exhibition system«, in: dies. und Ursula Pasero (Hg.), *Art Production Beyond the Art Market?*, Berlin 2013, S. 45-74, hier S. 71.

11 »Reflektieren/Transzendieren. Eine Diskussion über die dOCUMENTA (13) zwiwchen Christoph Menke, Susanne Leeb und Sven Beckstette«, in: *Texte zur Kunst*, September 2012, Heft 87, S. 85-109, hier S. 91.

um einen bestimmten, kollektiven Typ von Handlungen geht. Und wie kann es den in der Kunst und ihrer Welt überhaupt geben?«[12]

Der Künstler verlässt den symbolischen Raum

Nicht nur die politischen Ziele beschäftigen zahlreiche Künstler in ihrem Versuch, den harmonisierenden Nebenwirkungen der Postautonomie zu entkommen. Manche wollen das System der Zeichen und symbolhaften Invektiven ganz verlassen; ihnen geht es nicht länger um Einfluss auf das öffentliche Bewusstsein. Sie wollen nicht von, sondern in der Welt handeln. Sie legen es darauf an, der Kunst mit ihrer künstlerischen Tatkraft eine neue Wirksamkeit zu sichern. Sie wollen das gute Leben leben.

Indem sie das Soziale besonders hervorheben und umgekehrt Fragen nach Form und Gestaltung als nachrangig betrachten, folgen sie ihrerseits einer großen Tradition, die spätestens mit den Kunstrevolutionären in der Sowjetunion begann und sich über die partizipatorischen Bewegungen der sechziger Jahre fortsetzte. In den neunziger Jahren werden unter dem Begriff der Relationalen Ästhetik, geprägt von dem Kurator Nicolas Bourriaud, diverse Ideale der Interaktion populär. Nicht Bilder und Skulpturen, sondern Bühnen sollen im Namen der Kunst entstehen, auf dass sich dort ein unbekanntes Miteinander ereigne. Nicht ein in sich abgeschlossenes, zur Warenförmigkeit neigendes Werk interessiert die Künstler, vielmehr suchen sie nach einer neuen Unmittelbarkeit, die das Medialisierte in etwas Prozesshaftes und Unabschließbares

12 Ebd., S. 95.

auflöst. Sie wollen die Antinomie von Moralität und Freiheit, von politischer Wirksamkeit und ästhetischem Eigensinn überwinden. »In den letzten Jahren erlebten Kollektivismus und Kooperation nicht nur eine Wiederbelebung – sie wurden zu einer Art Fetisch«, beschreibt van den Berg die Entwicklung.[13]

Künstler kochen im Museum, legen Platten auf, versuchen auf unterschiedlichste Weise den Austausch und das Miteinander der Besucher zu befördern. Wenngleich von einer relationalen Ästhetik die Rede ist, handelt es sich im Grunde um eine relationale Ethik: Kunst soll Verbindungen stiften und über diese Kollektiverfahrung zumindest indirekt ein politisches Interesse wecken. Hatten die Avantgarden noch von Revolution und Umbruch geträumt, so übt sich die relationale Ästhetik in neuer Bescheidenheit: »Es scheint dringlicher, hier und heute mögliche Beziehungen zu unseren Nachbarn zu knüpfen, als auf glücklichere Zukünfte zu wetten«, schrieb Bourriaud.[14] So genügt es denn dem Künstler Liam Gillick auch vollauf, mit seiner Kunst »einen Hintergrund oder Dekoration« zu liefern, wie er sagt; er sei selbst dann glücklich, wenn die Besucher »nur mit dem Rücken zum Werk stehen und sich miteinander unterhalten«.[15]

Allerdings verfolgen andere der auf das Soziale abhebenden Künstler durchaus höhere Ziele. Sie kritisieren, dass mit Interventionen im Museum und einer sich daraus entwickelnden Geselligkeit noch nichts gewonnen sei. In der Regel blieben die Kunstbegeisterten unter sich, das Leben in seiner Vielfalt

13 Van den Berg, »Fragile productivity«, S. 66.

14 Nicolaus Bourriaud, *Relational Aesthetics*, Dijon 2002, S. 13.

15 Zit. nach Claire Bishop, »Antagonism and relational aesthetics«, in: *October 110* (Herbst 2004), S. 51-79, hier S. 60.

nähmen sie nicht wahr. Soziale Interaktion werde hier nur arrangiert, bestenfalls nachgestellt. Alles ethische Bestreben verharre im Konzeptuellen oder diene einer unterhaltsamen Selbstbespiegelung. So hatte der Künstler Cyprien Gaillard 2011 rund 72 000 Flaschen türkisches Bier im Hauptraum des Berliner Kunstvereins KW Institute for Contemporary Art zu einer Pyramide aufgebaut und lud das Publikum ein, diese vermeintlich bedeutungsschwere, auf die Rückgabedebatte um den Pergamonaltar anspielende Form trinkend zu zerstören. Die Besucher ließen sich nicht lange bitten, zumal diese soziale Kunst nahtlos anknüpfte an die sozialen Gepflogenheiten bei Vernissagen. Im selben Jahr forderte die Künstlerin Tania Bruguera (und es war nicht als direkte Antwort auf Gaillard gemeint): »Wir müssen Duchamps Pinkelbecken in die Toilettenräume zurückschaffen«; nur so werde eine wahrhaft politische, eine »nützliche Kunst« wieder möglich.[16]

Weshalb Pistolen zu Schaufeln werden

Vor allem jene Künstler, über die seit den neunziger Jahren oft unter dem Begriff der Socially Engaged Art diskutiert wird, verlassen die Institutionen des Marktes und der Museen. Während ein Santiago Sierra trotz seiner politisch grundierten Aktionen erklärt, es »gebe keine Möglichkeit, dass wir irgendetwas mit unserer künstlerischen Arbeit verändern«,[17]

16 Tania Bruguera, »Introduction on Useful Art«, 23.04.2011, online verfügbar unter: {http://www.taniabruguera.com/cms/528-0-Introduction+on+Useful+Art.htm}.

17 Stephen Squibb, »Santiago Sierra's ›No, Global Tour‹«, in: *art agenda* (06.07.2012), online verfügbar unter: {http://www.art-agenda.com/reviews/santiago-sierra%E2%80%99s-no-global-tour/}.

fühlt sich die engagierte Kunst dazu aufgerufen, das Gegenteil unter Beweis zu stellen: Ihr Ziel ist der soziale Wandel. So sammelte 2008 der Künstler Pedro Reyes für sein Projekt Palas Por Pistolas in einer mexikanischen Stadt mehrere Hundert Waffen ein und ließ sie zu Schaufeln umschmelzen, mit denen dann mehrere Hundert Bäume gepflanzt wurden. In Argentinien kümmerte sich die Künstler- und Umweltgruppe Ala Plástica um die Folgen einer Öltankerkatastrophe. Die dänischen Künstler der Gruppe Superflex wiederum halfen brasilianischen Bauern, eine eigene Limonade namens Guaraná Power herzustellen und zu vermarkten, um so das Monopol der Getränkeindustrie zu brechen. Und die Künstlerin Suzanne Lacy lud 2013 rund 400 Frauen in New York zu öffentlichen Gesprächen über Genderfragen. Der Kurator Nato Thompson erblickt in solchen Aktivitäten eine Neubegründung der Kunst: »Zum ersten Mal wird die Bedeutung der Formen des Lebens grundsätzlich infrage gestellt durch die Konzepte eines Lebens als Form.«[18]

Oft begeben sich die Künstler ins Unscheinbare und entsprechend wird über sie kaum berichtet; selten finden ihre Initiativen in den etablierten Sphären der Kunstwelt ein Echo. Sie verstehen sich als Anstifter, als Streetworker in Sachen Ethik. Vor allem dort, wo man Stadtplanern keine überzeugende Antwort mehr zutraut, ruft man nach Sozialkünstlern, in Hoyerswerda zum Beispiel, wo 2003 die Aktion »Verkunstete Platte« dazu beitragen sollte, den ostdeutschen Bevölkerungsschwund zu stoppen.

Vor einem ähnlichen Hintergrund wurde die Künstlerin

18 Nator Thompson, »Living as form«, in: ders. (Hg.), *Living as Form. Socially Engaged Art From 1991-2011*, Cambridge (Mass.) 2012, S. 16-33, hier S. 29.

Jeanne van Heeswijk von einer Wohnungsbaugesellschaft gebeten, sich 2002 einer trostlosen Siedlung aus den sechziger Jahren anzunehmen. In Vlaardingen, einer Stadt in der Nähe von Rotterdam, eröffnete unter ihrer Leitung eine kleine Dependance des Museums Boijmans Van Beuningen. Wo zuvor ein Supermarkt war, gab es Werke von Cindy Sherman oder Joep van Lieshout zu besichtigen, Ausstellungen wurden gezeigt, die das Boijmans eigens für Vlaardingen zusammengestellt hatte. Man hoffte, das Museum endlich auch für jene zu öffnen, die sonst nie in eine Ausstellung gehen. Zudem hatte van Heeswijk in die leer stehenden Geschäfte ringsum zahlreiche Künstler einquartiert. Im Sinne einer sozial engagierten Kunst tischten sie eine Tonne bunte Knete auf und ließen die Besucher zwei Wochen lang die wildesten Landschaften formen. Auch Kameras wurden verliehen, damit die Menschen ihre Wohnungen fotografieren und anschließend die Bilder in einer Ausstellung präsentieren konnten. Das Spielen und Basteln wurde zum Programm, stetig wechselten die Angebote, immer wieder andere Künstler wurden eingeladen, um den Anwohnern neue Reize zu bieten, sich aufeinander und auf neue Ausdrucksformen einzulassen.

In anderen Projekten wird die herkömmliche Unterscheidung zwischen Performance, politischem Aktivismus, kultureller Weiterbildung oder der Erschließung neuer Flächen für Gemüseanbau noch deutlicher überspielt. Der ästhetische Wert besitzt dabei keine übergeordnete Bedeutung, die Künstlergruppe Oda Projesi bezeichnete den Begriff sogar als »gefährliches Wort«, weil er sich möglicherweise störend auf die eigene Arbeit auswirke.[19]

19 Zit. nach Claire Bishop, *Artificial Hells: Participatory Art and the Politics of Spectatorship*, London 2012, S. 21. Ähnlich äußert sich auch der deut-

Unterstützt werden die Initiativen nicht selten von politischen Gremien, die eine Kunst mit sozialtherapeutischen Absichten sehr viel bereitwilliger fördern als eine Kunst, die ihrer eigenen Zwecklosigkeit huldigt. Vor allem die kompensatorische Leistung stößt auf Anerkennung, vermutet der Kunsttheoretiker Boris Groys: »Kunstaktivisten reagieren auf den sich immer stärker abzeichnenden Zusammenbruch des modernen Sozialstaates, indem sie diesen wie auch die NGOs, die ihre Aufgabe aus verschiedenen Gründen nicht erfüllen können oder wollen, zu ersetzen versuchen. Kunstaktivisten wollen nützlich sein.«[20] Insbesondere in Großbritannien wird diese Nützlichkeit durch entsprechende Studien immer wieder überprüft: Inwieweit sind Künstler der lokalen Wirtschaft zuträglich, dienen sie der sozialen Integration, fördern die körperliche und geistige Gesundheit, verringern die Kriminalität?

Anhand solcher Leitfragen wird die Kulturfinanzierung nicht selten von ihren sozioökonomischen Erfolgen abhängig gemacht. Eine der Konsequenzen sei, schreibt die Kulturwissenschaftlerin Eleonora Belfiore, »dass die öffentlichen Debatten über staatliche Kulturförderung intellektuell verarmen, weil sie immer stärker vom vereinfachten und befangenen Jar-

sche Künstler Christoph Schäfer: »Wenn Subjektivität plötzlich ein Teil der politischen Sprache wird, kann der Begriff ›Kunst‹ sogar zu einem Hindernis für die Herstellung des freien Ideenflusses werden – weil er nach Privileg riecht, einem Geruch von Ausschluss, Besitz, Copyright usw., der sich in die Kunst eingeschrieben haben« (»I very much like the art field«, Christoph Schäfer im Interview mit Karen van den Berg, in: Karen van den Berg und Ursula Pasero (Hg.), *Art Production Beyond the Art Market?*, Berlin 2013, S. 209-214, hier S. 211).

20 Boris Groys, »Kunstaktivismus. Die totale Ästhetisierung der Welt als Eröffnung der politischen Aktion«, in *Lettre International* (Herbst 2014), S. 88-92, hier S. 88.

gon der Politik und des Kultursektors dominiert werden«.[21] Gehört es ohnehin zur neoliberalen Rhetorik dazu, das Individuum zu mehr Eigeninitiative und Kreativität anzuhalten, so erweist sich diese Rhetorik als durchaus kompatibel mit dem Selbstverständnis mancher Künstler und auch fördernder Institutionen. Der soziale Wandel, den ihre Kunst anstrebt, mag sich im Leben der jeweils Geförderten erfreulich auswirken oder auch nicht – ein harmonisierender, den Status quo sichernder Effekt ist dieser Form der kreativen Selbsthilfe in den meisten Fällen eigen. Der Künstler Hans-Christian Dany formuliert: »Es ist eine Kunst, die funktional auftritt und dem anschwellenden Imperativ gehorcht, sich nutzbar und nützlich zu machen, indem sie einen gesellschaftlichen Mangel symbolisch kompensiert.«[22]

Eine Kunst des Ausgleichs und der Selbstbefriedung

Zwar schwebt es vielen Künstler durchaus vor, eine heilsame Gegenwelt zu etablieren, sie treten an gegen »eine atomisierte Pseudogesellschaft der Konsumenten, unsere Sensibilität eingeschläfert von Spektakel und Wiederholung«, wie es der Kunsthistoriker Grant Kester beschreibt.[23] Andererseits scheu-

21 Eleonora Belfiore, »Über den Zweck der Kunst«, in: *Passagen. Das Kulturmagazin von Pro Helvetia*, Nr. 52, Ausgabe 2/2010, S. 26-28, hier S. 27.

22 Zit. nach Alain Bieber, »Gesellschaftliche Utopien. Oder: Wie politisch ist die Kunst? Ein Essay«, S. 90, online verfügbar unter: {http://www.weiterdenken.de/sites/default/files/downloads/Kunst-trifft-Politik-A-Bieber-S82-92.pdf}.

23 Grant Kester, *Conversation Pieces. Community and Communication in Modern Art*, Berkeley 2004, S. 29.

en etliche Künstler jede Form von offenem Konflikt, schließlich sollen all jene Hilfsbedürftigen, die sich an den sozial engagierten Projekten beteiligen, nicht weiter verängstigt oder in ihren Aggressionen bestärkt werden. Vielmehr versucht man sich im Bestehenden auf eine Weise einzurichten, die mögliche Missstände behebt, ohne deren Ursachen politisch bekämpfen zu können. Auf ihre Weise paktiert so auch die um ethische Prinzipien bemühte Kunst mit der Macht. Auf ihre Weise treibt auch sie die allgemeine Normalisierung voran, denn die üblichen Tugenden der Kontemplation und Reflexion – als Formen der Distanznahme zur Wirklichkeit – werden hier verworfen. Distanz wird eingetauscht zugunsten einer neuen Direktheit.

Welche Folgen dieser Tausch hat, lässt sich pauschal kaum beurteilen, denn es gehört zum Grundcharakter sozialer Interventionen, dass sie sich nicht der Bewertung durch eine allgemeine Öffentlichkeit aussetzen. Während der übersteigerte Auktionsmarkt die Kunst gerne als etwas Delikates und Exklusives erscheinen lässt und sie der Allgemeinheit dadurch entzieht, dass sie in privaten Sammlungen oder privaten Investmentdepots verschwindet, so betreiben parallel die Sozialkünstler ebenfalls eine Art von Privatisierung. Ihre Kunst ist exklusiv nur für jene zu erfahren, die vor Ort sind und involviert werden. Sie verkörpern das, was nicht länger Werk genannt werden soll. In ihnen erfüllt sich, was gemeinsam mit den Künstlern erdacht und bewegt wird. Die Kunst des sozialen Wandels, wenn sie es ernst meint, lebt aus der Beschränkung, sie definiert sich über ein Innen. Für das Außen bleiben allenfalls die Relikte der Projektbeschreibung und Fotodokumentation.

Lebt die Kunst hingegen nicht aus der Kunst der Selbstaufgabe des Künstlers, will sie auch von jenen wahrgenommen und diskutiert werden, die nicht eingebunden sind, dann wendet sich das ethische Projekt unversehens in ein moralisch heikles Unterfangen. Dann drohen die Beteiligten zu Objekten der Kunstschau zu werden, zu Darstellern einer konzeptuellen Beweisführung, auch wenn sie nicht wie bei Santiago Sierra als gesichtslose Opfer dargeboten werden. Aus Sicht des Künstlers Renzo Martens scheitern etliche der sozialen Interventionisten mit ihren Vorhaben schon deshalb, weil sie außengesteuert nach der Anerkennung der Kunstwelt streben und »überall auf der Welt alle möglichen Dinge tun, doch entfalten diese Dinge ihre wahren sozialen Auswirkungen an den Orten der Rezeption und nicht an den Orten, an denen sie angeblich intervenieren«.[24] Martens, der sich selbst einer politischen Kunst der Veränderung verpflichtet hatte, war 2008 in den Kongo gereist, gelangte dort allerdings zu der Erkenntnis, dass Künstler unweigerlich zu einem Teil jener Hilfsindustrie werden, die sich über das Elend definiert und vom Elend profitiert, das sie doch eigentlich bekämpfen möchte. Daher kam es ihm am Ende am sinnvollsten vor, es bei kleinen Gesten zu belassen, etwa einem Plantagenarbeiter eine Mahlzeit zu kochen, und das ohne dabei die Rolle des Künstlers einzunehmen.

Das gute Leben und die guten Absichten wollen nicht immer problemlos zueinanderfinden. Selbst dort, wo sich die Energie der Kunst, ihre möglicherweise inspirierende, schöpferische Kraft im Konfliktfeld des Alltags produktiv auswirkt, wo sie tatsächlich den sozialen Wandel voranbringt, müssen sich die Künstler nach den Rück- und Auswirkungen ihres Tuns befragen. Ihr Material sind nicht Marmor oder Lein-

24 »On the Institute for Human Activities«, Renzo Martens im Gespräch mit T.J. Demos, in: Nina Möntmann (Hg.), *Scandalous. A Reader on Art and Ethics*, Santa Monica 2014, S. 135.

wand, es sind Menschen in ihrer Verletzlichkeit; und obwohl die meisten Sozialkünstler von sich behaupten würden, dass sie im Menschen eben kein Material erblicken, sondern ein ebenbürtiges Gegenüber, bleibt doch der Grundanspruch erhalten, der sich notwendig mit dem Begriff der Kunst verbindet: ein Anspruch des Formens und Gestaltens. Gibt ein Künstler diesen Anspruch auf, dann wird er seinem Ziel des sozialen Wandels kaum gerecht werden. Behält er ihn aber bei, dann wird er schon deshalb eine nichtegalitäre, unter Umständen auch paternalistische Rolle einnehmen, weil er selbst es ist, der etwas für gestalt- und also kunstwürdig erklärt. Solange er den Begriff der Kunst bemüht, setzt er auf Distinktion. Er nobilitiert sein Tun, hebt es ab von gewöhnlicher Sozialarbeit. Allein damit aber ist seine Ethik nicht so rein, wie sie es zu sein vorgibt. Die guten Absichten des Künstlers werden von Nebenabsichten begleitet, etwa der, die eigene Person oder das Projekt als außergewöhnlich präsentieren zu wollen. Das Vorhaben bekommt eine Schauseite, obwohl es doch allein nach innen wirken möchte.

Dieser Selbstwiderspruch kann den Eindruck erwecken, es handele sich um eine besondere Form der Heuchelei, dann nämlich, wenn sich jemand nur deshalb Künstler nennt und seine Arbeit nur deshalb als Kunst bezeichnet, weil er das symbolische Kapital, das der Kunstbegriff verspricht, verwenden möchte, um so seinen sozialen Absichten nachkommen zu können. Möglicherweise gibt es Fördertöpfe, die sich erst öffnen, wenn sich mit einem Projekt ein künstlerisch-kreativer Mehrwert verbinden lässt. Deswegen wird dieser Mehrwert für das Vorhaben behauptet, auch wenn es im besten Sinne allein um soziale Hilfe geht. Somit verhält sich der Künstler im Prinzip wie jene Unterwäschefirma, die mehr Trikotagen verkaufen will und nur aus diesem Grund ihr Produkt zum Kunstwerk erhebt. Der Zweck heiligt die Mittel, nur dass dieser Zweck mal sozial, mal ökonomisch definiert ist.

Handelt es sich bei dem Selbstwiderspruch jedoch nicht um Heuchelei, wird also der Begriff der Kunst aus einer tieferen Überzeugung heraus hervorgehoben, dann heißt das für die Künstler unweigerlich, dass sie sich mit ihren ethisch motivierten Unterfangen in einen sehr großen, über die Jahrhunderte geprägten Begriffsrahmen stellen – und in diesem Rahmen können sie Fragen nach der Ästhetik schwerlich ausweichen, es sei denn, sie sind naiv oder ignorant. Wer etwas als Kunst bezeichnet, erhebt einen normativen Anspruch, er zieht Assoziationen auf sich, die in der Regel von großen Künstlern und großen Museen mitbestimmt wurden und werden. Und selbst wenn die sozial engagierte Kunst antritt, diese hochkulturell bestimmten Assoziationen aufzulösen oder zu erweitern, muss sie sich doch mit diesen befassen, und sei es, um sie abzulehnen und ein Gegenbild zu entwerfen. Sie muss ihre eigene Kunsthaftigkeit reflektieren. Damit aber kommt sie nicht umhin, auf ihre Weise auch ästhetisch zu argumentieren. Sie muss das Formen und Gestalten ernst nehmen und sich in Beziehung setzen zu dem, was die Geschichte an Formen und Gestaltungen hervorgebracht hat. Eine künstlerische Position, die nur über ihre ethischen Absichten definiert ist, lässt sich somit nicht durchhalten. Ethik und Ästhetik bleiben eng verbunden, wenn die Kunst etwas zum gelingenden Leben beitragen möchte.

Trotz ihrer Selbstwidersprüche ist das Phänomen der sozialen, engagierten Kunstprojekte allein deshalb bemerkenswert, weil in diesen ein Symptom sichtbar wird: ein Leiden an der Selbstbezüglichkeit des Ausstellungs- und Messebetriebs, eine Unzufriedenheit mit der Geschmacksherrschaft der Kuratoren und Sammler, eine Missbilligung all jener Künstler, die aus politischer Kritik eine museale Geste ohne Folgen machen. So resultiert just aus der Überbetonung des Ethischen erneut die Frage nach dem Warum und Wohin der Ästhetik. Wenn sich kaum bestreiten lässt, dass ein ethischer Grundsatz nur dann überzeugend wirken kann, wenn er nicht als hässlich oder schön abgetan, also als reine Geschmacksfrage diskreditiert werden kann, so gilt dasselbe auch umgekehrt. Eine ästhetische Erfahrung, deren Horizont bar aller ethischen Erwägungen bleibt, die sich in einen Formalismus der Bedeutungsoffenheit zurückzieht und die eigene Macht und Ohnmacht nicht reflektiert, wird gerade in postautonomen Zeiten kein Gewicht erlangen. Sicherlich besitzt ästhetische Erfahrung erst eine Tiefe, wenn sie frei ist von vordergründiger Belehrungsabsicht. Doch je weiter sich die Kunst von der Wirklichkeit entfernt, etwa indem sie nur den Eingeweihten zugänglich erscheint, desto rascher wird sie in der Belanglosigkeit enden.

Ebenso wie es einen Kitsch des Sozialen gibt, gibt es einen Kitsch der Verunsicherung und Verstörung, und zwar dann, wenn die Verunsicherung formelhaft wird und nur mehr der Eigenbestätigung des Künstlers und seines Publikums dient. Reflexivität, wenn sie zum Selbstzweck gerät, kann ins Eitle abgleiten, und die gern attestierte Unentscheidbarkeit nichts weiter sein als Unentschiedenheit. Daher sieht sich jeder, der in der Kunst mehr erblickt als nur ein Symbol der Macht, mehr auch als nur die gute Tat, mit einer heiklen Balance konfrontiert. Das Verhältnis von Ästhetik und Ethik lebt von Aushandlung und Neujustierung, es muss ein spannungsvolles, unwägbares Miteinander bleiben.

In Zeiten der Postautonomie erweist sich dieses Moment der Unwägbarkeit als besonders heikel. Die normativen Maßstäbe des gewöhnlichen Lebens rücken den Künstlern gefährlich nahe, wenn sie sich in ihrem Wirken als integraler Teil der Welt verstehen. Der Kunst wird mithin ein eigener Begriff des gelingenden Lebens nicht unbedingt zugetraut. Dafür drängt umso leichter die Idee eines politisch korrekten Lebens in die Kunstsphäre ein, so als sei deren ethischem Anspruch schon damit Genüge getan, dass man sich möglichst antirassistisch und genderneutral verhält. Tatsächlich konstatiert der Kritiker Jerry Saltz, dass in New York bereits einige puritanisch geprägte Wertbegriffe der amerikanischen Öffentlichkeit den Kunstdiskurs bestimmten und sich ein neuer Konservatismus breitmache.[25] Die Räume der freien Imagination werden umso kleiner, je machtvoller die Kunstgesellschaft und je populärer die Gesellschaftskunst wird.

Überall, wo Künstler auftreten – und sie treten unterdessen so gut wie überall auf –, begegnen ihnen wachsende Ansprüche. Das Soziale und das Politische sollen sie zu ihrem Terrain machen, sie sollen der Macht zu neuem Glanz verhelfen, dem Individuum zu einem kreativen, ganz dem Augenblick geweihten Dasein. Den ökonomischen Hoffnungen, die sich mit ihrem Schaffen verbinden, sollen sie überdies genügen. Gera-

25 Jerry Saltz, »When did the art world get so conservative?«, in: *vulture.com* (17. 11. 2014), online verfügbar unter: {http://www.vulture.com/2014/11/when-did-the-art-world-get-so-conservative.html}.

de deswegen aber erscheint es unabdingbar, bei aller Verwobenheit und sämtlichen Koalitionen und Kollaborationen zum Trotz, der Kunst weiterhin eine Unwägbarkeit zu bewahren. Will sie von jener Freiheit, die sich Autonomie nennt, nichts mehr wissen, so bedarf sie gleichwohl weiterhin der Verhandlungsspielräume, um den Zwängen der Welt wenn nicht entgehen, so doch souverän begegnen zu können. Ohne diese wird eine produktive, die Kunst selbst erhaltende Reibung mit den wachsenden Erwartungen unmöglich. Um sich aber einen Verhandlungsspielraum zu öffnen, muss die Kunst eigene Vorstellungen vom gelingenden Leben gewinnen; nicht um sie zu besitzen und zu propagieren, sondern um fortgesetzt darum zu ringen. Wie aber sollte sie das anstellen?

Nichts wäre absurder, als an dieser Stelle der Kunst eine programmatisch wertvolle Ethik vorschreiben, sie gar auf eine gelingende Ästhetik festlegen zu wollen. Ihr Reiz verdankt sich ihrer Unwägbar- und Unvorhersehbarkeit, und wollte man auf diesen Reiz verzichten, bliebe nichts übrig als Formel und Phrase. Die Kunst lässt sich nicht programmieren und wollte man es dennoch versuchen, nähme man ihr die Freiheit. Nun ist die Freiheit, wie dargelegt wurde, in Zeiten der Postautonomie kein absoluter Wert mehr. Freiheit kann geteilt, kann relativiert, kann auf produktive Weise zugunsten anderer Leitwerte der Kunst suspendiert werden. Gerade deshalb aber lohnt es sich sehr wohl, es ist sogar geradezu notwendig, das heikle Wechselspiel von Ethik und Ästhetik weit schärfer in den Blick zu nehmen, als dies bisher geschieht. Denn wenn die Kunst ihre Offenheit bewahren will, obgleich sie ihre Freiheit suspendiert, vermag das nur zu gelingen, wenn sie ihre Anliegen und ihre Grenzen weit besser kennt als bislang üblich. Wie gesagt, um Vorschriften und Festlegungen kann es dabei nicht gehen. Worum es aber gehen könnte, ist eine Selbstbefragung aller Beteiligten, der Künstler, Kuratoren, auch der Betrachter, um in größerer Klarheit darüber diskutieren zu können, welche Wege, welche Strategien einer postautonomen Kunst sinnvoll und im Hinblick auf ein gutes Leben produktiv erscheinen.

Die Kunst könnte erstens den radikalen Rückzug antreten, sich lossagen von allen Beziehungen und eine Kraft eigenen Rechts sein wollen; dafür aber müsste sie einen alten, einst bedeutungsvollen Begriff der Ästhetik reaktivieren, die Vorstellung von einer fernen Macht, die das Wahre in sich trägt und Erlösung verheißt. Auf einen solchen Kunstglauben zu bauen, wäre in einer Welt, in der sich alle Gewissheiten auflösen, ein mehr als kühnes Unterfangen.

Zweitens könnte sich die Kunst noch weiter als bisher von allen Verheißungen lösen und das Publikum künftig mit einer gehobenen Form ästhetischer Lebenshilfe versorgen; allerdings würde sie sich damit auf mittlere Sicht selbst erübrigen, denn gute Designer und geschickte Innenarchitekten gibt es schon in großer Zahl. Ohne das Versprechen auf Andersartigkeit wäre zudem der Kunstmarkt ein deutlich anderer.

Die Kunst muss sich zur Disposition stellen

Der dritte Weg führte, wenn es gut geht, aus jener Schwellenzeit heraus, in der die Kunst – zwischen überlebtem Pathos und verbrämtem Pragmatismus – weiterhin feststeckt. Es wäre ein Weg, auf dem sich die Kunst als Spiel neu entdecken und zugleich selbst aufs Spiel setzen würde. Um vom guten Leben erzählen, um zum guten Leben anregen zu können, um das Unerwartete, das Genussvolle, das Absurde und Abwegige in den Blick zu nehmen und den Möglichkeitssinn der Gegenwart zu mobilisieren, um einen Denkraum jenseits einer vordergründigen Nützlichkeit zu eröffnen, muss sich die Kunst zur Disposition stellen, muss sich anfällig zeigen und sich verfügbar machen. Sie muss die oftmals ökonomisch verstandene Normalisierung ihrer selbst um eine Liberalisierung ihrer Gepflogenheiten und geistigen Grundlagen erweitern.

Manche Teile des Kunstsystems gleichen bislang einem Hochsicherheitstrakt. Weil überkommene Ordnungsmuster und tradierte Formen der Wertbestimmung nicht länger greifen, haben sich andere Autoritäten etabliert, die den Vorwurf der Beliebigkeit abwehren und Bedeutung gewährleisten sollen. Diese Autoritäten infrage zu stellen hieße, die Kunst aus ihren Schutzräumen zu befreien. Es hieße, die Händler, Sammler, Kuratoren zu entmachten und den Wert der Kunst vor allem den Betrachtern anheimzustellen. Auch würde der Künstler viel deutlicher noch als hinter seiner Kunst zurücktreten, und es wäre völlig gleichgültig, mit welchem Aufwand, welcher Inbrunst oder Konsequenz er ein Werk gefertigt hätte. Denn für den Betrachter zählten weder Marktpreis noch Künstlermühen, für ihn zählte, was ihm in seiner Wahrnehmung des Kunstwerkes widerführe.

Andere Wertefragen kämen auf diese Weise ins Spiel: Es ginge um Werte wie Farbspannung und Schattenreiz, um Werte wie Assoziationsvielfalt und ikonografischen Erfindungsreichtum, um den Imaginationswert, den Gefühlswert, den Wert der intellektuellen Durchdrungenheit, den Erkenntniswert. Um all das, was eine ästhetische Erfahrung auszeichnen kann. Dafür allerdings müssten sich die Gegenwartskünstler von vielem verabschieden und anderes in Zweifel ziehen, etwa ihren ausgeprägten Hang zur Privatmythologie, zum kabbalistischen Zeichenspiel, zur kunstbetrieblichen Selbstbespiegelung. Mit anderen Worten: Die Künstler müssten sich tatsächlich von der Postautonomie infizieren lassen, viele ihrer lieb gewonnenen Gepflogenheiten aufgeben und einen neuen Streit um Kriterien und Qualitätsfragen beginnen.

Sich aus den Schutzräumen zu lösen und die Postautonomie ernst zu nehmen hieße, die hohe Kunst weit entschiedener als bislang der populären Kunst zu öffnen. Trotz aller Bestrebungen der Moderne, den eigenen elitären Status zu überwinden und den Alltag großmütig zu umarmen, wird doch auf keinem anderen kulturellen Feld so eifersüchtig darauf geachtet, dass ein wahrer Künstler nur der ist, der die Anerkennung der Kunstwelt und ihrer Institutionen findet. In der Literatur hat der Poetry Slam, also das Laiengedicht, eine eigene Gattung etabliert; in der klassischen Musik gilt es als ehrenvoll, sich zum Hauskonzert zu versammeln; im Pop kann ein jeder mit Computer und ein wenig Begabung zum gefragten YouTube-Star aufsteigen. Die Museen und Galerien halten hingegen penibel Abstand zu den populären Bildkulturen, die in der Digitalmoderne eine gewaltige Entwicklung erlebt haben.

Das Kunstsystem ist bis in die Gegenwart von avantgardistischen Impulsen durchzogen, wenn auch nur in formeller, nicht in programmatischer Hinsicht. Weil aber die Avantgarde geprägt war von Gesten der Ablösung und Abgrenzung, von einem massenfeindlichen Grundcharakter, obgleich es um die Befreiung der Massen ging, zeigt auch die Gegenwartskunst seltsame Berührungsängste. Auch wenn das berühmte Diktum des Joseph Beuys', dem zufolge in jedem Menschen ein Künstler stecke, immer wieder gern zitiert wird, scheuen offenkundig viele die nivellierenden Konsequenzen. Dass Normalisierung auch bedeuten könnte, die alte Unterscheidung zwischen wahrem Künstler und talentiertem Dilettanten fallenzulassen und also das etablierte System der Produktion und Distribution zu revidieren, diese Erkenntnis mag kaum jemand beherzigen.

Street-Art und der Urbanismus von unten

Die allgemeine Euphorie des Selbstgestaltens ist nicht zu übersehen. Auch in den öffentlichen Räumen, selbst in Vorstädten und Fußgängerzonen lässt sich eine Kultur der Intervention und Disruption beobachten, von Nichtkünstlern getragen. In Flashmobs kommt eine wachsende Begeisterung an Performance und Irritation zum Ausdruck. Aus Paletten gezimmerte Sessel und Tische finden ihren Platz auf unwirtlichen Verkehrsinseln, um auch jene Sphären der Stadt zurückzuerobern, die man für verloren hielt. Ähnlich leben Street-Art oder Parkour nicht allein von einem gewachsenen Gestaltungs- und Bewegungsdrang, sondern im Kern auch davon, dass der öffentliche Raum anders wahrgenommen wird. In diesem Urbanismus von unten scheint der Wille zur selbstbestimmten Ästhetik tatsächlich von einem Ideal des guten Lebens getragen zu sein, von einem Bedürfnis nach temporärer Anteilnahme, nach kollektiven, körperlichen Erfahrungen, letztlich von dem alten Ideal, dass sich im urbanen Dasein das Autonome und Heteronome, das Diverse und das Gemeinschaftliche verbinden lassen.

Der Kunstgesellschaft, auf der Normalisierung fußend, gelingen hier mitunter Formen eines findungsreichen, manchmal auch politisch motivierten Miteinanders, in der das freie Gestalten in einem künstlerischen Sinne als unabdingbar gilt. Für die Do-it-yourself-Bewegung ebenso wie fürs Urban Gardening, für die anarchisch gesinnten Eingriffe in den urbanen Alltag wie etwa die Park(ing) Days, für all dieses und vieles mehr lassen sich Entsprechungen in der etablierten Welt der Künste entdecken. Warum sie dort gleichwohl selten ein Echo finden, begründet sich vor allem in einem Verlangen nach Gewissheit, in dem Bedürfnis, bei aller Unentschiedenheit doch verschieden zu sein.

Diese Pseudodifferenz wird von Institutionen gesichert, von Kuratoren, Sammlern, Künstlern, also von Markt und Museum. Sie sind es, die manche Ausprägungen der Kunst als diskurswürdig anerkennen und andere als laienhaftes Geplänkel abtun. Sie sind es, die bei passender Gelegenheit – etwa auf der Venedig-Biennale 2013 – die sogenannten Outsider Artists ins Licht der Öffentlichkeit rücken, jene Menschen also, die für sich nicht unbedingt den Anspruch erheben, Künstler sein zu wollen, die aber aus Schaffensnot und Schaffensfreude ein eigenes Œuvre hinterlassen. Allein der Begriff des Outsider Artist impliziert jedoch, dass es weiterhin Insider Artists gebe, dass also ein grundsätzlicher Unterschied zwischen professioneller und nonprofessioneller Kunst bestehe. Dabei handelt es sich zumeist um eine nicht belegte Behauptung.

Es charakterisiert die Entgrenzung und also die moderne und erst recht die postautonome Kunst, alle formalen Distinktionen abzuschleifen und dem Zufälligen ebenso Raum zu geben wie dem Alltäglichen, dem Banalen und Dilettantischen. Anders als in der klassischen Musik, im professionellen Film oder auch in der Literatur, wo das Könnerschaftliche zwar hinterfragt, doch nie aufgegeben wurde, hat sich die Welt der Kunst konsequent deprofessionalisiert. Von Ausnahmen abgesehen sind es nicht die äußerlichen Merkmale, die Wertschätzung garantieren und einem Künstler den Zuspruch von Markt und Museum sichern. Umso mehr aber irritiert es das Kunstsystem, wenn sich ein Gestaltungswille in vergleichbaren Erscheinungsformen außerhalb seiner klassischen Einflusssphären etabliert. Es kann nur mit Ignoranz reagieren – oder aber sich selbst zur Disposition stellen.

Der öffentliche Raum und die nichtöffentliche Kunst

Wie sehr das etablierte System auf Ausschluss bedacht ist, wie autoritär es im Zweifel zu agieren vermag, lässt sich besonders deutlich im öffentlichen Raum beobachten, mithin dort, wo die Kunst nicht von den stillen Übereinkommen der Institutionen geschützt wird. Mögen sich auch vielerorts neue Formen der Partizipation entwickelt haben, und sind die klassischen Setzungen eher temporären Interventionen gewichen, gibt es doch weiterhin Fälle, in denen ein Werk verfügt wird, von Künstlern entworfen, von einer Jury als gut und richtig deklariert. In einer Stadt wie Bristol darf in Einzelfällen über den Erhalt von vermeintlich besonders wertvollen Graffiti plebiszitär entschieden werden. Doch gemeinhin gilt die Vorstellung einer demokratisierten Kunst als abwegig, das Schaffen des Künstlers als sakrosankt. »Wo Experten sich im Fachgespräch befinden, hat der Laie gefälligst den Mund zu halten beziehungsweise die von diesen getroffenen Entscheidungen stillschweigend anzuerkennen«, beschreibt der Kritiker Christian Demand das Verhältnis von städtischem Publikum und Fachöffentlichkeit.[26] Angesichts der »radikalen Entnormung« im Kunstsystem stehe jedoch »keine Letztinstanz mehr zur Verfügung«, die noch ein abschließen-

26 Christian Demand, »Wer darf über Kunst im öffentlichen Raum entscheiden?«, in *Merkur. Deutsche Zeitschrift für europäisches Denken*, Heft 2, 2008, S. 163-169, hier S. 166.

des Urteil in ästhetischen Streitfragen sprechen könne. Daraus folge: »Es muss überhaupt erst einmal über angemessene Zwecke verhandelt werden. Fragen nach der Angemessenheit von Zwecksetzungen aber sind Wertfragen. Sie fordern keine technischen, sondern im weitesten Sinne ethisch-politische Antworten.«[27]

Gerade im städtebaulichen und architektonischen Diskurs ist das Kriterium der Angemessenheit durchaus verbreitet, wenngleich es nicht unbedingt beherzigt wird. Entsprechend werden jene Gebäude, die deutlich dem allgemeinen Empfinden einer angemessenen Ästhetik entgegenstehen, als Bausünde bezeichnet. Analog ließe sich von einer Kunstsünde sprechen, wenn die »im weitesten Sinne ethisch-politischen Antworten« eines Künstlers auf Widerstand stoßen. Zwar gehört es zu den vornehmsten Aufgaben der Kunst, mit den gültigen Vorstellungen des Richtigen zu brechen, allerdings war diese antinormative Strategie stets unterfüttert von der Vorstellung, dass Irritation und Provokation einem höheren Ziel dienten, nämlich der aufgeklärten Gesellschaft. Im Zeichen der Postautonomie erweist sich diese Unterstellung als endgültig obsolet, und so gerät die Verteidigung einer unangemessenen Ästhetik im Zweifel zu einem gebieterischen Akt.

Besonders fragwürdig wird dieser Autoritarismus, der die Freiheit der Kunst propagiert, aber das Unfreie befördert, wenn jene Zwecksetzungen, von denen Demand spricht, vor allem ökonomischer Natur sind. So wurden 2014 in Münster elf graue Schaltkästen durch Tobias Rehberger umgestaltet, um das Bahnhofsviertel aufzuwerten; getragen wurde das Projekt von der Immobilien- und Standortgemeinschaft Bahnhofsviertel Münster, die sich von der Kunstinitiative

27 Ebd., S. 169.

letztlich auch verbesserte Umsätze im Quartier erhofft. Rehbergers Ästhetik ist unverkennbar inspiriert von Motiven der Street-Art, in der gerade Objekte der Hässlichkeit zu Objekten einer heiter-absurden Gestaltung werden. Obwohl er die geringelten Röhren und Zylinder, mit denen er die grauen Kästen verzierte, mit einer tieferen Bedeutung unterlegte (die allerdings für gewöhnliche Passanten kaum zu entziffern ist), hätte es nicht unbedingt eines professionellen Gestalters bedurft. Münster hätte seine Schaltkästen als Orte einer kollektiven Formfindung und Formgebung freigeben können. Dass Rehberger, Professor für Bildhauerei an der Städelschule in Frankfurt, gleichwohl engagiert wurde, gründet auch hier in einem Sicherheitsdenken, das zwischen Experten und Laien noch klar unterscheiden will und vom Renommee des bekannten Namens profitieren möchte. Nicht intrinsische, sondern extrinsische Qualitäten machen die Kunst zur Kunst. Sie zur Disposition zu stellen, hieße den eigenen Qualitätsbegriff neu zu befragen.

Von neuer Gesellschaftskunst und alten Museen

Auf seine Weise ist auch das Museum ein öffentlicher Raum. Auch hier wird über Ausschluss und Akzeptanz entschieden, obgleich kein Kurator sich auf einen normativ gesicherten Kriterien-Kanon berufen kann. Nach wie vor folgen die meisten öffentlichen Sammlungen den Mustern des 19. Jahrhunderts, sie sind geprägt durch eine kunstgeschichtliche Erzählung des Fortschritts, sie gehorchen einer Logik der Vervollkommnung, meinen also, jedes gute Museum müsse die Entwicklung der Kunst möglichst vollständig und mit möglichst qualitätsvollen Exemplaren dokumentieren. Das Museum aufs Spiel zu setzen, es aus den Aporien der Normalisierung und den Zwängen der Ökonomisierung zu lösen, hieße mit dieser Logik zu brechen. Es bedeutete, sich den verändernden Bildkulturen zu öffnen und die Postautonomie als ein Experiment mit offenem Ausgang zu begreifen. Bislang zählte es zu den zentralen Aufgaben des Museums, das Original von der Kopie zu scheiden und das Besondere vom Konventionellen. Wenn sich aber in Zeiten der Hyperkreativität die festen Werkbegriffe verflüchtigen, weil der Künstler zum Dilettanten und der Dilettant zum Künstler wird, werden auch die Museen ihr Ideal des Originals neu in den Blick nehmen müssen. Zumal es vor allem der Kult ums Unikat ist, der das boomende Marktgeschehen mit seinen absurden Verzerrungen erst ermöglicht.

Die Formen der Bilderproduktion und -rezeption haben sich durch digitale Techniken nicht nur beschleunigt, sondern auch in ihren Qualitäten verändert. Das Fotografieren ist nun, da Twitter, Instagram & Co eine so wichtige Rolle im persönlichen und ebenso im öffentlichen Austausch spielen, weit seltener ein Akt des Festhaltens und Bewahrens; eher gleicht der Schnappschuss einem kurzen Kommentar oder vermittelt einen atmosphärischen Eindruck, der für den Augenblick spricht, darüber hinaus aber keine Gültigkeit beansprucht. Ähnlich entspringen freie Formen der Bildaneignung und -umformung im Internet oft den Launen des Augenblicks. Am bekanntesten ist das Phänomen der Internet-Meme, für die populäre Fotos oder Filme zum Material eines freien Spiels aus Thema und Variation werden können, bereichert durch die Ideen Einzelner, die im Abgleich mit den Einfällen der Netzgemeinschaft um die originellste Art der visuellen Auslegung konkurrieren. Gelegentlich wird auch die Bilderwelt der Kunstgeschichte zum Material des kreativen Überschwangs, wenn etwa unter dem Titel »Fools do Art« einige Leute berühmte Meisterwerke nachstellen, dabei aber als Requisiten nur das verwenden dürfen, was sie in ihrem Büro vorfinden; eine Nachbearbeitung auf ihrem Smartphone eingeschlossen.

Auch für Mashups können sich viele begeistern, eine Form von Kunst, die alles mit allem vermengt und in frisch aufbereiteter Form dem Netz zurückgibt. Das allgemeine Bewusstsein für die Macht des Visuellen hat sich so gewandelt. Nie gab es mehr Menschen, die mit großer, oft künstlerischer Hingabe den kollektiven Bilderschatz durchforsten, plündern und zugleich bereichern. Das sollte nicht ohne Rückwirkungen auf all jene bleiben, die bislang den Künstlerstatus allein für sich reklamierten. Nicht zufällig ähnelt eines der populärsten Kunstprojekte des beginnenden 21. Jahrhunderts, die vierundzwanzigstündige Filmcollage *The Clock* von Christian Marclay, den im Netz beliebten Mashups. Und doch erkennt das Kunstsystem nur sehr widerwillig die Demokratisierung des Bildermachens und Bildgestaltens an. Dabei zeugen viele der Internetforen davon, dass es eine wachsende Neugier gibt für das, was sich mit künstlerischen Mitteln ausdrücken lässt. Die ikonografische Systematisierung von Bildern im Sinne eines Aby Warburg ist bei Tumblr ebenso populär wie das Collagieren vorgefundener Medienbilder im Stile einer Hannah Höch.

Die Rede von der Bilderflut, der die Einzelnen hilflos ausgesetzt seien, wirkt angesichts solcher gestaltwilligen Formen der Produktion, Manipulation und Kollektivierung erstaunlich anachronistisch. Je stärker sich aber der Einzelne als Souverän seiner Bilderwelten erweist, desto stärker verändern sich auch die Vorstellungen von jenen Bildern, die das Museum verwahrt und darbietet. Das zeigt sich bereits daran, wie wichtig es gerade jüngeren Besuchern oft ist, das Kunstwerk mit dem eigenen Antlitz zu einem sogenannten Art-Selfie zu vereinen.

Vieles mögen modische Phänomene sein. Doch je weiter die Produktionsmittel dank der digitalen Technik demokratisiert werden, je stärker auch die Mittel der Distribution sich ins Unendliche weiten, weil Bilder und ihre Verbreitung nichts mehr kosten, je häufiger auch die Museen selbst die eigenen Bestände online zugänglich und sie auf diese Weise allzeitig verfügbar machen, desto prekärer werden die Vorstellungen von Originalität und Autonomie. Das statische, unbewegliche, auf Ewigkeit gestellte Kunstwerk wird weiterhin seine Reize haben. Das Selbstverständnis des Museums dürfte sich gleichwohl wandeln.

In der Kunstgesellschaft gerät die herkömmliche Objekt-Subjekt-Vorstellung in Bewegung, und damit begegnen den öffentlichen Sammlungen divergierende Bedürfnisse. Das Authentische gewinnt weiter an Bedeutung, das Rare ebenso wie das Unverfügbare. Zugleich wächst in dieser Gesellschaft auch die Relevanz des Responsiven und Aktivischen, beide gehören in den allgemeinen Vorstellungen eines gelingenden Lebens unverzichtbar dazu. Die Betrachter der Kunst wollen sich denn auch nicht länger als Objekte der Belehrung erfahren, sondern als gestaltendes Gegenüber, sie möchten nicht allein Anerkennung zollen, sondern ebenso erhalten.

In der Moderne hat sich das Sammelgebiet der Kunstmuseen unaufhörlich diversifiziert; in einer Phase der Postautonomie vervielfältigen sich zudem die Erwartungen und die Verhaltensweisen. Aus dem Museum als Hort, einem Raum des Zeigens und Lernens, könnte dank der Kunstgesellschaft auch ein Ort der Gesellschaftskunst werden. Das wachsende Bedürfnis vieler Menschen, sich in einer visuell bestimmten Zeit als ein mitgestaltender Souverän der Bilder selbst zu erfahren, hat im Netz wie im urbanen Raum seinen Ausdruck längst gefunden. Die Sammlungshäuser hingegen, in ihrem Bemühen, das Hohe vom Niederen zu scheiden und der Kunst per Akklamation eine Sphäre eigenen Rechts zu sichern, blicken auf den populären Gestaltungswillen mit einiger Skepsis. Dabei steht nirgends geschrieben, dass ein Museum nur der Kunstbeschau und nicht ebenso der Kunstproduktion dienen dürfe, in welcher konkreten Ausformung auch immer.

Der Museumsraum als Raum der Freiheit

Überall auf der Welt folgen Museen denselben eingespielten Regeln: Die Darbietungsformen sind dieselben, die Böden, Wände, Leuchten sind ähnlich gestaltet. Oft lesen sich die Wandtexte so, als gehe es darum, die Besucher zu erziehen, als wollte man sie zu Kunsthistorikern ausbilden. Nur selten wagen Museen, die üblichen Ordnungsmuster zu durchkreuzen und andere Modi der Kunsterfahrung zu erproben. Das kann bereits bei der Beschriftung beginnen, die den Besucher häufig über Stilfragen, Maltechniken, ikonografische Bedeutungen in Kenntnis setzt, damit aber zugleich suggeriert, das beschriebene Gemälde oder die Skulptur ließe sich schon deshalb vollauf begreifen, weil die nötigen Fakten zur Hand sind. Die Kunst hingegen als eine Beziehungsfrage aufzufassen, sie dem Betrachter aufzuschließen für innere Erfahrungen, wird über die kognitiv bestimmte Darbietung kaum gelingen. Es bedürfte einer neuen Aufgeschlossenheit, um näher zu erkunden, wie andere, tiefere Zugänge zur Kunst möglich werden: wie die Freiheit, der sich einzelne Werke verdanken, zu einer Freiheit des Museumsbesuchers zu werden vermag.

Fragt man sich, welches Bild des gelingenden Lebens in den meisten Museen aufscheint, dann ist es ein Leben der Gebildeten. Die Geschichte der Kunst zu kennen, sich auch mit ihrer Gegenwart zu befassen, die Namen und Methoden und Sujets richtig zuordnen zu können, das alles soll dem Besucher hier ermöglicht werden. Auch der Genuss soll nicht zu kurz kommen, eine Bereicherung im Schönen, Schrägen oder Verwirrenden. Dass Museen auch ein Raum der Selbsterfahrung, des Selbstspürens sein sollten, dass Besucher etwa beim Betrachten einer Vitrine mit lauter kostbaren Gläsern nicht nur deren, sondern auch die eigene Zerbrechlichkeit bewundern könnten, dass sich mithin die ästhetische Erfahrung als eine Lebenserfahrung verstehen ließe, in einem zweifelnden oder auch bestätigenden Sinne, das gerät nur in Ausnahmefällen in den Blick der wissenschaftlich geprägten Sammlungsleiter.
Für das Wagnis der Intuition und Imagination fehlen dem Ausstellungsbetrieb die Begriffe. Sich auf das Gefühlte einzulassen und also zu riskieren, dass es gefühlig werden könnte, gilt in Kuratorenkreisen ohnehin als unschicklich. Die Kunsterfahrung allerdings ist stets auch eine vorbegriffliche; in Bildern zu denken heißt nicht zuletzt, sich auf Unbestimmtes einzulassen. Und so gesehen wäre es nicht aus der Welt, in Objekten mehr zu sehen als nur das Objekthafte. Sie erschließen Projektions- und Echoräume und nicht selten soll es vorkommen, dass Menschen sich just von jener Kunst besonders berührt fühlen, in der sie etwas zu erkennen meinen, das ihnen mangelt oder nachdem sie sich sehnen.
Das gute Leben, das in Museen aufscheint, könnte daher auch eines sein, das Sehnsüchte kennt und diesen nachgeht, das sich vom rein materiellen Denken löst und immateriellen Werten nachspürt, das Inspiration sucht und in der Kunst ei-

ne Fundstelle erblickt. »Die kapitalistische Gesellschaft«, so formuliert es Christoph Menke, »erzwingt die Haltung des Dauerexperiments eines jeden mit sich selbst, mit den eigenen Handlungen, mit den eigenen Fähigkeiten, ja, dem eigenen Sein.«[28] Doch verfügt das Museum über den ungemeinen Vorteil, in der Welt und zugleich aus der Welt sein zu dürfen. Es muss keinen Zwängen folgen und kann Ungezwungenheit ermöglichen, auch die des Experiments eines jeden mit sich selbst.

Menke schreibt:

> »Die Spielräume, die wir im gesellschaftlichen Handeln ausloten müssen, sind keine Räume des Spiels; denn sie stehen unter dem Gesetz des Erfolgs, des Überlebens. [...] Die Kunst ist das Gegenexperiment zu den Schicksalsexperimenten, die wir gesellschaftlich bei Strafe des Scheiterns vollziehen müssen. Dazu brauchen wir die Kunst: um die Möglichkeit der Freiheit jenseits der Spielräume gesellschaftlicher Anpassung und ihrer biologischen Ideologie zu erfahren.«[29]

Das Museum könnte ein solcher Spielraum jenseits der Nöte und Strafen sein. Um diesen Raum zu gewinnen, muss es sich selbst aufs Spiel setzen und ins Spiel bringen.

Warum andere Märkte eine andere Kunst befördern

Ebenso wie das Museum müsste sich der Markt in seinen Gepflogenheiten und Strukturen zur Disposition stellen: Dieser Markt hat die Popularität vieler Künstler erst ermöglicht, zu-

28 Christoph Menke, »Brauchen wir Kunst?«, in: *Die Zeit* (21.06.2012), online verfügbar unter: {http://www.zeit.de/2012/25/Documenta-Menke/seite-2}.

29 Ebd.

gleich ist er weiterhin vielen Mustern der Moderne verhaftet, einem von Fortschritts- und Statusdenken bestimmten Verhalten. In Teilen verfährt der Handel auf eine geradezu mittelalterlich-zünftische Weise, wenn etwa potentielle Marktteilnehmer von großen Kunstmessen ausgeschlossen werden; in den Zulassungskomitees entscheiden Galeristen, ob sie die Konkurrenz anderer Galeristen bei einer Messe gestatten. Es herrscht ein System der Kooptation, und damit bei aller Pluralisierung auch ein Zwang zur Angleichung.

Nicht zuletzt diesem Zwang ist es geschuldet, dass sich die Kunstwelt auch in postautonomen Zeiten gegen Diversifizierung sträubt. Mag der Originalitätsbegriff längst dekonstruiert sein, mag die Normalisierung den Künstler seines Außenseiterdaseins enthoben haben, so hält doch der Markt weiterhin unerschütterlich an der Vorstellung des Einmaligen und Authentischen fest. Sie bildet seine Geschäftsgrundlage, das Unikat ist – obgleich es etwa mit dem Multiple gegenläufige Entwicklungen gab – nach wie vor die bei weitem wichtigste Handelsform der Kunst. Damit aber verstärken Galeristen und Händler jene Schizophrenie, in der weite Teile der Kunstwelt feststecken: die Normalisierung voranzutreiben und sie zugleich zu dementieren. Andere Vertriebsformen könnten andere Vorstellungen von dem, was Kunst sein soll und vermag, ermöglichen und ihnen neue Kraft verleihen. Sie könnte sowohl exklusiver, komplexer, anspruchsvoller als auch auf unbefangene und kluge Weise populärer werden.

Zwar ist das Triviale ein gern gesehenes Sujet vieler Künstler, zwar erhalten das Billige und Oberflächliche breiten Raum in der Produktion. Wenn aber ein Maler wie Thomas Kinkade das Triviale tatsächlich ernst nimmt und einen Massenmarkt für sich erschließt, gilt er automatisch als abwegiges Sonderphänomen. Obwohl also die Gegenwartskunst, postautonom geworden, keine klaren Eigenwerte und keine eindeutige Differenz mehr zu markieren versteht, hebt sie sich dennoch ab. Und das bislang herrschende Handelssystem verstärkt diese Art von hohler Abgrenzung. Es befördert das Elitäre, ohne Elite zu sein.

Die Vorstellung, alle Kunst habe am Ende nur der Kunst zu dienen und das quasi natürliche Ziel eines Künstlers müsse das Museum, die ständige, ewige Sammlung sein, dieses klassische Ideal der Selbstgenügsamkeit hat seine Triftigkeit eingebüßt, auch wenn es immer noch weite Teile der Kunstwelt prägt. Um es aufzulösen oder es zumindest zu diversifizieren, bedürfte es neuer Handelsformen und der Entwicklung neuer Marktsegmente. Analog zu Kinderfilmen könnte Kinderkunst entstehen. Analog zur Tanzmusik eine Kunst der beschwingten Alltäglichkeit. Analog zum gehobenen Laientheater eine Form der semiprofessionellen Kunstproduktion. Zugleich könnten sich Künstler viel stärker noch als bislang einer fordernden, voraussetzungsreichen, den vorgebildeten Rezipienten ansprechenden Ästhetik widmen. Die etablierten Standards zu diversifizieren bedeutete eben nicht, alle Standards fahren zu lassen, sondern im Gegenteil, viel genauer zu formulieren, was die Kunst für wen und in welcher Lebenssphäre zu sein und zu versprechen vermag.

Forciert wird diese Diversifizierung vor allem in den digitalen Medien, die nicht nur die Herstellung von Bildern demokratisieren, sondern auch die Distribution aus den bisher so engen Räumen der Galerien, Messen oder Auktionshäuser herausführen. Sie ermöglichen neue Formen der Rückkopplung und Anerkennung, sie bieten etwa über Instagram oder eBay auch ungewohnte Möglichkeiten, einen Künstler bekannt zu machen und ihm einen Markt zu erschließen. Selbst das Crowdfunding als eine Option, besonders aufwändige Projekte umsetzen zu können, hat im Kunstsektor an Popularität gewonnen. Daran kann man sehen, dass die bisherigen Vorbehalte – eine allzu populäre Form der Selbstvermarktung könnte die Reputation eines Künstlers in Mitleidenschaft ziehen – an Bedeutung verlieren. Gleichwohl gibt es zwar Popstars oder Comedians, die sich dank der Internetplattformen eine breite, von den konventionellen Vertriebsformen unabhängige Popularität verschafft haben; entsprechend erfolgreiche Künstler, denen frei von Galerien und Messen der Durchbruch gelungen wäre, sucht man jedoch vergeblich.

Neue Auftraggeber und neue Auftragskünstler

»Ich denke, dass interessante Kunst immer ethisch ist. Sie organisiert sich rund um eine ethische Nachfrage«, sagt der Philosoph Simon Critchley.[30] Wie aber diese Nachfrage, wie eine sich auf die Kunst richtende Sehnsucht zu einem befriedigenden Angebot findet, darüber wurde lange nicht nachgedacht. Zu groß war die Befürchtung, dass jede Art der Angebotspolitik die Kunst in ihrem Wesen beschädigen, sie ihrer Freiheit berauben könnte. Doch ist das eine der Chancen, die sich in der postautonomen Epoche eröffnen: Sie kann unbelasteter als zuvor erproben, welche Erwartungen sich auf welche Weise artikulieren und inwieweit ein Künstler sich auf

30 »Creating interstices: On ethics, politics, and curatorship«, Simon Critchley im Gespräch mit Miguel Á. Hernández-Navarro, in: Nina Möntmann (Hg.), *Scandalous. A Reader on Art and Ethics*, Santa Monica 2014, S. 26-39, hier S. 29.

diese einlassen mag. Die Kunst hingegen als Dienstleistung zu begreifen, als nackte Erfüllungsgehilfin ästhetischer Bedürfnisse, wäre schon deshalb ebenso absurd wie unproduktiv, weil eine Sehnsucht nur ihren Reiz hat, solange sie nicht gestillt ist. Lebendig bleibt die Kunst nur, wenn sie sich an das hält, was Theodor W. Adorno das »konstitutive Paradox« nannte. Sie muss auf dialektische Weise zugewandt und abweisend wirken. »Kunst ist das Versprechen des Glücks, das gebrochen wird.«[31]

Ob dieses Versprechen tatsächlich immer gebrochen werden muss, ob es einen Zwang zur Ambivalenz und zum Entzug gibt, wird man zumindest im Hinblick auf die traditionellen Formen der Auftragskunst schwerlich behaupten können. Dort war es für das Gelingen eher konstitutiv, dass sich sowohl Künstler als auch Auftraggeber ins Spiel brachten und ebenfalls aufs Spiel setzten: dass sie also eine gemeinsame Vorstellung von Regel und Ziel entwickelten, zudem einen Modus des Spielens, der Absicherung und Abweichung gleichermaßen einschloss. Unterschiedliche Ansprüche nicht aufeinanderprallen zu lassen, sondern unter Spannung zu setzen, ein Miteinander divergierender Ideen zu ermöglichen, das könnte sich auch in einer neu zu prägenden Auftragskunst als produktiv erweisen. Im Theater, Film und auch in der klassischen und populären Musik ist es selbstverständlich, sich vom Unikatcharakter zu lösen und das arbeitsteilige, von diversen, mitunter auch widerstreitenden Ansprüchen und Ideen getragene Miteinander als sinnvoll zu begreifen. Eine solche Vorstellung nicht als bindend und begrenzend, sondern als eine durchaus folgerichtige und befreiende Konsequenz der Postautonomie aufzufassen, fällt den meisten

31 Theodor W. Adorno, *Ästhetische Theorie*, Frankfurt/Main 1973, S. 204.

Künstlern, Sammlern, Galeristen, aber auch Auftraggebern weiterhin schwer.

Wie sich Kunst als ein gelehrter und lernender Prozess gestalten lässt, in dem sowohl der Künstler als auch sein Auftraggeber sich gegenseitig bereichern, das lässt sich an vielen Beispielen der vormodernen Kunstgeschichte studieren. Sie kann man für die Gegenwart nicht einfach rekonstruieren, doch in adaptierter, aktueller Form versuchen einige Initiativen eine andere, die üblichen Handelswege umgehende Form der Kooperation zu ersinnen. Während manche Künstler sich damit begnügen, eine sehr konventionelle Form der Patronage mit gleichfalls konventionellen Bildeinfällen zu bedienen (wenn beispielsweise Thomas Struth das britische Königspaar oder Gerhard Richter den Kölner Oberbürgermeister denkbar ausdrucksarm in Szene setzen), lassen sich andere auf bindende, hybride, für alle Beteiligten unabsehbare Formen der Gestaltfindung ein.

Eine in mehreren europäischen Städten operierende Gruppe, die unter dem Namen Neue Auftraggeber eine »Kunst der Zivilgesellschaft« propagiert, ruft die Öffentlichkeit dazu auf, mit Künstlern zusammenzuarbeiten, in privaten, aber vor allem in nichtprivaten Räumen. »Ihr Stadtviertel soll lebenswerter werden? Ihre Kantine ein interessanterer Aufenthaltsort? Sie wollen etwas für Fahrradfahrer oder ehemalige Stahlarbeiter tun, wissen aber nicht wie? Dann sollten Sie ein Neuer Auftraggeber werden!«[32] Im Unterschied zu historischen Vorbildern, die sich eher auf individuelle Bildungs- und Ge-

32 Website zur Veranstaltung »Neue Auftraggeber – europäische Plattform für eine Kunst der Zivilgesellschaft« des Hartware MedienKunstVereins: {http://www.hmkv.de/programm/programmpunkte/2010/Veranstaltungen/neue_auftraggeber.php}.

schmacksanliegen stützten, steht hier eine kollektive Vorstellung von Kunst im Vordergrund. Dabei wird als wichtiges Bindeglied zwischen Auftraggebern und Auftragnehmern ein Mediator etabliert, der bei der Auswahl des richtigen Künstlers beratend tätig ist, aber auch bei der Ermittlung und Umsetzung dessen hilft, was als das Angemessene betrachtet wird. An die Stelle der klassischen Vermittlung, wie man sie vor allem in Museen antrifft, tritt hier der Moderator, der im Idealfall von gleichberechtigten Partnern ausgeht. Während der Vermittler eher einem Erzieher gleicht – denn er vermittelt in eine Richtung, die Kunst dem Publikum –, verfolgen die Neuen Auftraggeber ein demokratisches Ansinnen, mit dem sie »ein neues Kapitel in der Geschichte der Kunst« aufschlagen möchten. »Mehr als zwei Jahrhunderte nach den demokratischen Revolutionen bleiben die Bürger weiterhin die großen Abwesenden der Kunstszene, obwohl es jenes Terrain ist, auf dem sie sich freiheitlich betätigen, ausprobieren und ihre fundamentalen kulturellen Bedürfnisse erfüllen könnten.«[33] Neue Beziehungen zu sich selbst und zu anderen könnten entstehen. Einige Hundert Projekte wurden bereits realisiert, auch mithilfe namhafter Künstler wie Rémy Zaugg oder Erwin Wurm. Sie alle lassen sich eine Frage gefallen, die lange als unstatthaft galt: »Wie viel Freiheit braucht Kunst?«[34]

33 François Hers, »Le propos«, Text auf der französischen Website der »Neuen Auftraggeber«, online verfügbar unter: {http://www.nouveauxcommanditaires.eu/fr/22/le-propos}.

34 »Auftrag für die Kunst?«, Galerie für zeitgenössische Kunst Leipzig, online verfügbar unter: {http://www.gfzk-leipzig.de/?p=78}.

So bedrohlich die Abkehr vom unbedingt Neuen und Originellen für den Markt und das Museum auch sein mag – die Kunst darf sich von den Wandlungen der Schwellenzeit zugleich gebunden und befreit fühlen. Sie muss nicht länger dem alten Fetisch der Innovation dienen, sie darf unbeschwert aufspielen. Sie darf wiederholend zurückholen, was lange verdrängt und vergessen war; darf sich alte Techniken neu erschließen, sich komplexe Sujets zurückerobern; sie kann sich nun ebenso frei neue Wirkungsfelder suchen, jenseits der Galerien und des Marktes: im Internet, in Zeitschriften oder auch im Kindergarten. Sie darf unterhaltsam und ephemer sein, sie darf sich aber ebenso wieder auf das Erhabene verlegen, auf Kunstformen, die lange als degoutant verschrien waren. Mit anderen Worten: Kopierend, mischend, erinnernd kann sich der Künstler ungewohnte Rollen erschließen, wo immer seine spezifische Form der Intelligenz gefragt ist.

Noch kreisen viele von ihnen um sich selbst, es zählt mehr als alles andere die Anerkennung durch Sammler und Museen. Damit könnte es in der Epoche der Postautonomie vorbei sein, wenn sich der Strukturwandel der Kunstwelt tatsächlich vollzöge. Die Kunst wäre frei von ihrer selbst verordneten Kunsthaftigkeit: mal stark im musealen Sinne, mal weich und anschmiegsam alltäglich. Sie kann Staatskunst sein und sich der Repräsentation verpflichten. Sie kann sich ebenso gut nach ungewohnten Formen der Volks- und Gebrauchskunst umschauen. Es wäre eine Neuentdeckung des freien Spiels, in dem die Kunst nicht stets denselben, von Markt und Museum dekretierten Wertvorstellungen zu genügen hätte. Sie würde sich bei Gelegenheit dem Schmücken und Schmeicheln, der reinen Sinnenfreude hingeben; in einem anderen Fall wäre sie Enigma im klassischen Sinne, gänzlich zweckgelöst und eigenmächtig.

So könnte gelingen, was selten gelingt: Dass die Kunst ihren Möglichkeitssinn in voller Breite ausspielt und zugleich jenen Ansprüchen entgeht, die sie hoffnungslos überfordern. Noch immer hegen manche das Ideal, dass sich in der ästhetischen Erfahrung der Mensch von Grund auf erneuern möge: »[W]er mit Kunst umgeht, wird offen sein für Alterität, für die Eigenheit von Lebensformen und somit auch eine geschärfte Wachsamkeit gegenüber Intoleranz und Ausschlussverhältnissen entwickeln können«, schreibt die Kunstpädagogin Hanne Seitz.[35] Wäre das wahr, müsste sich die Kunstwelt schlagartig wandeln: Die Borniertheit mancher Galeristen, die Gerissenheit einiger Sammler, der Zynismus etlicher Kritiker, die Egomanie vieler Kuratoren, die Willkür, die Betrügereien und das Vorteilsdenken, die unter dem Deckmantel der Kunst weiten Raum finden, würden sich in ihr Gegenteil verkehren. Doch offenkundig kann, das zeigt die alltägliche Erfahrung, selbst derjenige, der immerzu und von Berufs wegen mit Kunst umgeht, sehr wohl intolerant, unreflektiert und beschränkt sein und bleiben. Denn mit dem Umgehen allein ist es nicht getan; es hängt sehr viel an den Umgangsformen.

Auch wenn Kunst kein ethisches Therapeutikum mit Wirkungsgarantie zu sein vermag, keine Schule der Moral, so ist ihr doch eines eigen: Sie besitzt einen bereichernden Charakter. Kein Künstler tritt an, um die Welt so zu belassen, wie sie ist. Auch wenn er sich nicht anmaßen möchte, sie tatsäch-

35 Hanne Seitz, »Wofür wir Kunst brauchen – und was sie tatsächlich kann«, in: *Passagen. Das Kulturmagazin von Pro Helvetia*, Ausgabe 3/2009, S. 27.

lich verändern zu können, will er doch gestaltend auf sie einwirken. Er will ihr etwas geben, will in ihr etwas formen, das so nicht oder nicht ausreichend vorhanden ist. Er wird nicht nichts tun, sondern etwas – und dieses Etwas kann bereichernd wirken. Der Künstler bereichert die Welt mit Schönheit und Schrecken, mit abweisenden oder beglückenden, manchmal mit höchst banalen Formen, mit einem Tun, das in die Irre oder auf ungekannte Höhen führt.

Wer am Ende diese Bereicherung als solche erfährt, hat der Künstler nicht in der Hand. Erfahren lässt sie sich nur für den, der nach dem gelingenden Leben fragt. Wer schon alles hat, wer zufrieden ist oder sich keine Hoffnungen mehr macht, wird der Kunst ihr Versprechen nicht entlocken. »Kunstwerke sind für uns gerade deswegen von Interesse, weil die Begegnung mit ihnen unser Selbstverhältnis erweitert, in gewisser Weise sogar bricht. Sie versetzen uns in ein besonderes Verhältnis zu unserem Welt- und Selbstverhältnis«, schreibt der Philosoph Martin Seel.[36] Diese Erweiterung und Versetzung, möglicherweise sogar der Bruch mit dem Vertrauten, wird sich nicht automatisch ereignen. Wenn überhaupt, kann diese Neubestimmung der Verhältnisse nur für den gelingen, der sie anstrebt; der mithin der Kunst bedarf.

Was das gute Leben sei, für den Einzelnen wie für die Gemeinschaft, kann die Kunst nicht wissen. Wenn aber das schlechte Leben eines wäre, in dem die Welt leer erscheint, farblos und taub, verschlossen und abweisend, eine Welt, in der sich der Einzelne nicht gesehen, nicht anerkannt und überflüssig wähnt, in der also die Weltbeziehung verarmt und erkaltet, könnte die Kunst ein Gegenbild bieten. Die

36 Martin Seel, *Ethisch-ästhetische Studien*, Frankfurt/Main 1996, S. 15.

Kunst erzählt auf ihre Weise davon, wie sich der Mensch auf die Welt einzulassen vermag, wie er sie formen, wie er sie als berührbar und beweglich erfahren kann. Sie zeigt auch, dass die Frage nach dem guten Leben keine ist, die sich privatisieren ließe. Denn Kunst ist ja in ihrem Grundcharakter immer beides: sehr intim und sehr öffentlich. Sie verdankt sich Einzelnen, hofft aber auf die Anteilnahme vieler.

Vor allem aber verkörpert sich in der Kunst die Vorstellung, dass sich gelingendes Leben nicht auf materielle Güter allein stützt. Wenngleich der boomende Markt etwas anderes suggeriert, weil er aus dem Werk eine Ware macht und die Kunst als käuflich deklariert, ist es dennoch nie der Materialwert, der sie zur Bereicherung werden lässt. Vielmehr verbindet sich mit ihr noch immer die Hoffnung, dass sie um ihrer selbst willen geliebt und geachtet werden solle. Und gerade darin kann sich auch das Ideal jenes guten Lebens abzeichnen, in dem der Mensch um seiner selbst geliebt und geachtet wird.

Kunst ist kein *bonum physicum*, sondern ein *bonum morale*, kein physisches, sondern ein sittliches Gut. Sie ist es nicht, weil sie Menschen sagte, was richtig und gerecht wäre. Was sie aber sein kann, ist ein vormoralischer Raum, in dem sich der Einzelne ein Bild seiner Ideale formt. Dazu muss sich die Kunst nicht auf Stile, Themen, Gattungen festschreiben lassen, sie braucht auch nicht erst begrifflich durchdrungen werden. Sie lässt sich auf eine basale Weise erfahren, denn jedes Gemälde, jede Skulptur, jede Performance hat Charakter, und dieser Charakter ist es, der Menschen dazu einlädt, mit ihm zu sympathisieren oder ihm etwas entgegenzusetzen. In diesem Charakter spiegelt sich eine Vorstellung dessen, wie der Welt zu begegnen, wie sie zu fassen sei.

Wer ein Werk von Gerhard Richter bewundert, kann für dessen Genügsamkeit schwärmen, für Beherrschtheit, für Unaufgeregtheit. Wer ein Bild von Neo Rauch ablehnt, der stört sich womöglich an der Beziehungslosigkeit seiner Figuren, an ihrer handelnden Handlungsarmut, ihrer träumerischen Verlorenheit. Wer Andreas Gursky bestaunt, dem gefällt das Makellose, vielleicht auch die Überlegenheit, mit der er sich in seinen Fotografien über alles Gewöhnliche erhebt. Wer mit Robert Rauschenberg sympathisiert, der hat einen Sinn für das Alltägliche und schätzt das Zufällige, die Art und Weise, wie hier die Kunst noch die entlegendsten Gegenstände zu vereinen versteht. Höchst unterschiedliche Charaktere bevölkern die Kunst, es gibt die unerschrockenen Werke, die sanft versponnenen, die brachialen, asketischen, humorvollen, unersättlichen, kalten, hitzigen, sanftmütigen.

Kunstwerke besitzen ein Ethos, einen Charakter, eine Sinnesart, das zeigt sich schon darin, wie sie mit ihrem Sujet verfahren, welchen Auftritt sie wählen, auf welche Art und Weise sie ihr Material behandeln oder missbrauchen. Jedes Kunstwerk verdankt sich wertbestimmten Entscheidungen: Welches Thema ist wichtig, welches Publikum soll angesprochen oder brüskiert werden, welcher Ausdruck ist angemessen? In diesen Entscheidungen offenbart sich eine Ethik zweiter Ordnung, in der nicht eine Handlungsanleitung vorgelegt, dafür aber auf indirekte Weise das eine dem anderen vorgezogen wird und so Ab- und Aufwertungen bestimmter Weltsichten aufleuchten. Ist Sorgfalt gefragt oder setzt sich das Vorläufige in Szene? Bekommt das Spielerische seinen Raum oder aber das Großmütige? Wenn von vielen Theoretikern die Unbestimmtheit und Ambivalenz als wichtigste Charaktereigenschaft der Kunst beschworen wird, dann wohl nicht zuletzt deshalb, weil sie just darin ein Zeichen gelingenden Lebens erblicken: unbestimmt zu sein und also nach Bestimmung suchend und frei bestimmbar zu bleiben.

Je nach Umgangsform ist auch die Intensität eine andere, mit der sich Menschen dem Charakter eines Kunstwerkes, seiner Farb- und Formatmosphäre, seiner vertrauten oder befremdenden Art des Weltbegreifens zuwenden. Abhängig davon, ob sich das Werk eher als Kurzzeitbekanntschaft erweist oder als vertrauter Partner innerer Dialoge, kann sich das ästhetische wie auch das ethische Bewusstsein daran weiten oder auch nicht. Kunst wahrzunehmen bedeutet ja stets, sich auf ein Spiel mit dem Vermittelten und Uneigentlichen einzulassen: In der Kunst sind die Dinge nicht, wie sie scheinen, sie werden dargeboten, dargestellt, sie werden ihrer Welthaftigkeit entfremdet. Kunst wahrzunehmen heißt daher, indirekter wahrzunehmen und zugleich direkter, weil es einer besonderen Zuwendung und Widmung bedarf, durch die sich die Sinne erst öffnen. Womöglich beginnt sich für manche bereits in solchen Momenten eine Vorstellung vom guten Leben zu formen: der Wunsch nach größerer Intensität und Innigkeit, nach einer Offenheit für das sonst nur Gestreifte und flüchtig Wahrgenommene.

Juliane Rebentisch spricht von einer »spezifischen Erfahrung«,[37] Jacques Rancière von einer »neuen Landschaft des Sichtbaren«.[38] Das Reich der Ästhetik ruht auf einem Fundament ethischer Überzeugungen, nicht zuletzt auf der Norm der Kunstfreiheit. Diese Norm gründet auf der Hoffnung, dass die Freiheit der Kunst auch jene Freiheit des Menschen sei, sich der Kunst erfreuen zu können, ihre Schönheit als beglückend zu erfahren oder ihre Düsternis zu fürchten, viel-

37 »Das Potenzial des Ästhetischen«, Dominique Laleg im Gespräch mit Juliane Rebentisch, in: *all-over. Magazin für Kunst und Ästhetik* (22.10.2012), online verfügbar unter: {http://allover-magazin.com/?p=1072}.

38 Jacques Rancière, *Der emanzipierte Zuschauer*, Wien 2008, S. 92.

leicht sogar sich selbst in seinem Menschsein erst zu finden. Gerade in postautonomen Zeiten, in denen sich die Ansprüche der Kunst normalisieren, kann sich diese Erfahrung auch schlicht als ein Ausdruck des Wohlergehens artikulieren, wiederum des Einzelnen wie der Gemeinschaft. Ein Wohlergehen, das gewährt oder verweigert oder überhaupt erst zu Bewusstsein gebracht wird. Wie genau sich dieses ausgestaltet, welche Rolle dabei den Museen und Märkten zukommt, wird sich immer aufs Neue weisen. Das Wechselspiel zwischen Kunst und Gesellschaft ist schon deshalb nie am Ende.

Waren es in der Moderne lange die Ansprüche an die Eigenmächtigkeit des Subjekts, seine Unterschiedenheit und Souveränität, so könnten in der postautonomen Epoche andere Ideale hinzukommen. Denn je mehr die Bedeutung des Authentischen und Originären abnimmt, desto machtvoller äußert sich der Wunsch nach Zusammengehörigkeit und Verbindlichkeit, nach einer Überwindung des Zwangs zur zwanglosen Individualisierung. Sich endlich wegzubewegen »von der Coolness, die auf Differenz beruht, hin zu einer Coolness, die für Gleichheit einsteht«, wird etwa in dem viel beachteten Freiheitsreport der Agentur K-Hole gefordert. »Einst wurden Menschen in Gemeinschaften hineingeboren und mussten ihre Individualität erst finden. Heute werden Menschen als Individuen geboren und müssen ihre Gemeinschaften finden.«[39] Die Fallen der Einzigartigkeit zu vermeiden, sich vor allem dadurch zu unterscheiden, dass man alle Unterschiedenheit verweigert – in solchen Vorstellungen einer anderen Normalität könnte die normalisierte Kunst der Kunstgesellschaft eine andere, unerwartete Relevanz gewinnen.

39 K-Hole, *Youth Mode: A Report on Freedom*, 2013, der Report ist online verfügbar unter: {http://khole.net/}.

Dann wäre die Kunst nicht allein als inkommensurables Gegenüber gefragt, sondern ebenso als ein beziehungsstiftendes Verbindungsglied. Ästhetische Erfahrung wäre dann eine, in der Mensch und Welt einander als bereichernd erführen. Sich staunend über die Kunst zu beugen und dabei auf korrespondierende Weise jener Möglichkeiten gegenwärtig zu werden, die das Dasein bietet, mag eine Ethik des moralischen Respekts nicht unbedingt befördern, dafür aber eine des gelingenden Lebens.

Als eine verwandelnde Kraft hat sich die Kunst in der Moderne immer wieder in Szene gesetzt, sie hat alles und nichts in ihr Reich hineingeholt und der ästhetischen Erprobung unterzogen. Wie weit diese Wandlungskraft reicht, ob sie die Kunst selbst zu erfassen und ihr in postautonomen Strömungen eine neue, spannungsreiche Gestalt zu verleihen vermag, lässt sich inmitten der Schwellenzeit kaum absehen. Dass sie kein Ziel hat und keine Richtung kennen will, kann ihr zum Vorteil gereichen. Nur in der Offenheit wird sie sich selber neu binden.